DCG

ÉPREUVE 6

Finance d'entreprise

CORRIGÉS DES APPLICATIONS

Jean-Luc Bazet
Pascal Faucher

Groupe Revue Fiduciaire
Nathan

Édition : Catherine Blanchard – Sylvie Ogée

Coordination artistique : Evelyn Audureau

Conception intérieure : Anne-Danielle Naname

Conception couverture : Killiwatch

Mise en pages : Alpha-Edit

ISBN 978-2-09-179918-6

TABLE DES MATIÈRES

Conseils méthodologiques

I Objectifs de l'épreuve

L'épreuve de finance d'entreprise comporte trois objectifs :

- tout d'abord, vérifier que le candidat maîtrise les concepts fondamentaux de la finance et du raisonnement financier, c'est-à-dire en fait qu'il possède ce que l'on pourrait appeler la logique financière ;
- de plus, s'assurer qu'il sache appliquer ces notions à la gestion et à la politique financière des organisations ;
- enfin, valider sa capacité à utiliser des techniques financières pour réaliser un diagnostic en tant que conseil financier.

II Nature et programme de l'épreuve

L'examen prend la forme d'une étude d'une ou de plusieurs situations pratiques comprenant, le cas échéant, une ou des questions de cours.

Le programme couvre, quant à lui, les thèmes suivants :

- les concepts fondamentaux de la valeur ;
- le diagnostic financier des comptes sociaux ;
- la politique d'investissement ;
- la politique de financement ;
- la trésorerie.

III Conseils pour une bonne préparation

Les sujets couvrent généralement l'ensemble du programme. L'épreuve est de moins en moins technique et requiert de plus en plus fréquemment de la réflexion et de l'analyse. Le programme est très vaste et fait appel à trois attributs majeurs de la finance : la logique financière, la prise de décision financière et le conseil financier.

En ce qui concerne l'analyse financière, le candidat devra avoir une parfaite maîtrise de la construction des états financiers et, en particulier, des travaux d'inventaire. L'utilisation des mathématiques financières est fréquente et le candidat devra posséder une machine à calculer financière. Notons en revanche qu'il est vivement conseillé de se préparer à cette épreuve sans l'aide d'une calculatrice, une session pouvant en interdire l'usage.

IV Conseils pour maximiser vos chances

Compte tenu de la structure du sujet en trois ou quatre parties, le candidat devra traiter l'ensemble des dossiers proposés. Il est impossible d'atteindre la moyenne en étant spécialiste d'une seule partie. Le candidat ne devra surtout pas négliger les questions de cours souvent liées à des problèmes d'économie d'entreprise et les commentaires. Faute de réponses à ces questions, de nombreux candidats atteignent une note proche de 8/20. Les examinateurs attendent l'essentiel et non pas des connaissances très détaillées pour ce type de questions. Rappelons que les calculs ne sont pas obligatoirement payants.

Enfin, en termes de forme, il est recommandé de réserver une copie par partie afin de faciliter le travail du correcteur, et de gérer son temps en fonction du barème établi.

CHAPITRE

1

La valeur et le temps

APPLICATION 1 p. 31 Vrai-Faux

Répondez par « Vrai » ou par « Faux » aux affirmations ci-dessous.

1. **Les intérêts simples sont utilisés dans le calcul d'un escompte commercial.**

   Vrai

2. **Les intérêts composés sont utilisés dans les opérations de durée supérieure à une période.**

   Faux

3. **Le taux d'intérêt correspond toujours à une période d'un an.**

   Faux

4. **Le taux proportionnel est calculé pour les intérêts composés et le taux équivalent pour les intérêts simples.**

   Faux

5. **Une rente économique peut être protégée par un brevet.**

   Vrai

6. **Une annuité constante correspond au versement ou au prélèvement d'une somme identique sur plusieurs périodes.**

   Vrai

7. **Le taux de marché est le taux moyen attendu par l'ensemble des investisseurs sur un marché.**

   Vrai

8. **Les intérêts composés suivent une progression géométrique de raison (1 + *i*) alors que les intérêts simples suivent une progression arithmétique de raison *i*.**
Vrai

9. **Un versement à échoir se fait en début de période.**
Vrai

10. **I. Fisher est à l'origine de la théorie de la valeur.**
Vrai

11. **Pour la majeure partie des matières premières, le prix de marché est le plus souvent indépendant des conditions de production.**
Vrai

12. **Le taux requis est un taux réclamé par le marché qui aura pour conséquence de rejeter des investissements cependant rentables.**
Vrai

13. **La spéculation est une opération à laquelle se livrent certains acteurs sur le prix de marché.**
Vrai

14. **Une interpolation permet de calculer la valeur acquise ou la valeur actuelle lorsque les périodes ou les taux ne sont pas des entiers.**
Vrai

15. **La valeur acquise est l'inverse de la valeur actuelle.**
Vrai

APPLICATION 2 p. 31 Exercices fondamentaux de mathématiques financières

1. **Que devient un capital de 10 000 € placé pendant 6 ans et 3 mois au taux de 5,5 % l'an ?**

$A = 10\,000 \times (1{,}055)^{6 \times \frac{3}{12}}$, soit 13 974 €.

2. **Actualisez au taux de 5 % une somme de 75 000 € payable dans 5 ans et 9 mois.**

$a = 75\,000 \times (1{,}05)^{-5 \times \frac{9}{12}}$, soit 56 652 €.

3. **À quel taux une somme quadruple-t-elle en 25 ans par capitalisation annuelle ?**

$A = a \times (1 + i)^{25} = 4$, d'où $i = 5{,}709$ %.

4. **Au bout de combien de temps une somme double-t-elle au taux semestriel de 4 % par capitalisation semestrielle ?**

$2 = 1 \times (1{,}04)^n$, d'où un nombre de semestres égal à 17 semestres 2/3.

5. **Calculez la valeur acquise par une suite de 12 annuités de fin de période de 7 000 € placées au taux de 5,5 %.**

$$A = 7\,000 \times \left(\frac{1{,}055^{-11} - 1}{0{,}055}\right) + 7\,000, \text{ soit } 109\,084 \text{ €}.$$

6. **Calculez les taux proportionnels et les taux équivalents correspondant au taux annuel de 3 % pour un semestre, pour un trimestre, pour un mois.**

	Semestriel (ts)	Trimestriel (tt)	Mensuel (tm)
Taux proportionnel	$\frac{2}{3} = 1{,}5\ \%$	$\frac{3}{4} = 0{,}75\ \%$	$\frac{3}{12} = 0{,}25\ \%$
Taux équivalent	$(1{,}03)^{\frac{1}{2}} = 0{,}4889\ \%$	$(1{,}03)^{\frac{1}{4}} = 0{,}7417\ \%$	$(1{,}03)^{\frac{1}{12}} = 0{,}2466\ \%$

7. **Quelle est la valeur actuelle d'une suite de 8 annuités constantes de 10 000 €, la première venant à échéance immédiatement au taux de 5 % ?**

$$A = 10\,000 \times \left(\frac{1 - 1{,}05^{-7}}{0{,}05}\right) + 10\,000, \text{ soit } 67\,863{,}73 \text{ €}.$$

APPLICATION 3 p. 32 Problèmes de mathématiques financières

1. **Un débiteur doit s'acquitter des dettes suivantes : 24 000 € payables dans 1 an, 16 000 € payables dans 1 an et 6 mois, 30 000 € payables dans 2 ans et 6 mois et 40 000 € payables dans 4 ans. Il préfère se libérer par un paiement unique dans 5 ans. Calculez le montant de ce paiement unique au taux annuel de 6 %.**

$A = 24\,000(1{,}06)^4 + 16\,000(1{,}06)^{3{,}5} + 30\,000(1{,}06)^{2{,}5} + 40\,000(1{,}06)^1$, soit 127 024 €.

2. **Un capital de 242 149,20 € a été constitué par le versement de 14 annuités constantes en fin de période capitalisées au taux de 8 %. Quel est le montant de l'annuité ?**

$$a = 242\,149{,}20 \times \left(\frac{0{,}08}{1{,}08^{14} - 1}\right), \text{ soit } 10\,000 \text{ €}.$$

3. Une société de crédit-bail met immédiatement à la disposition d'un industriel un équipement d'un coût de 300 000 € contre paiement de 5 annuités de 80 000 € payables en fin d'année, la première venant à échéance dans 1 an. Quelle est la valeur actuelle des annuités au taux de 10 % au moment où l'industriel reçoit le matériel ?

$$V_0 = 80\,000 \times \left(\frac{-1 - 1{,}10^{-5}}{0{,}10}\right), \text{ soit } 303\,263 \text{ €.}$$

APPLICATION 4 p. 32] Comparaison de placements

Classez les valeurs acquises de la plus importante à la plus faible selon les différentes modalités suivantes :

Proposition	Calculs
Taux mensuel 1 % en intérêts composés	(Taux équivalent = 12,683 %) $100\,000 \times (1{,}12683)^2$, soit 126 974,58 €.
Taux mensuel 1,1 % en intérêts simples	Il y a 24 mois : (100 000 × 1,1 % × 24) + 100 000 = 126 400 €.
Taux annuel 12 % en intérêts composés	$100\,000(1{,}12)^2$, soit 125 440 €.
Taux trimestriel 3 % en intérêts simples	Il y a 8 trimestres : (100 000 × 3 % × 8) + 100 000 = 124 000 €.
Taux annuel 10 % en intérêts simples	[(10 % × 100 000) × 2] + 100 000 = 120 000 €.

APPLICATION 5 p. 33] Annuités constantes

Calculez le montant de chacune de ces annuités.
Est-ce vraiment intéressant pour l'entreprise ? Solutionnez ce problème en calculant le taux trimestriel équivalent et en actualisant les 40 trimestres à ce taux.

Montant de chacune des annuités : $50\,000 = a\left(\frac{1 - 1{,}05^{-10}}{0{,}05}\right)$, soit 6 475,23 €.

Le taux trimestriel t équivalent à 5 % annuel est égal à : $t = (1{,}05)^{\frac{1}{4}}$, soit 1,227 %.

Puisque l'entreprise rembourse $\frac{a}{4} = 1618{,}81$ chaque trimestre, la valeur actualisée des 40 versements de remboursement est de :

$$1618{,}81 \times \left(\frac{1 - (1 + 0{,}01227)^{-40}}{0{,}01227}\right), \text{ soit } 50\,930 \text{ €.}$$

L'entreprise verse donc 50 930 € au lieu des 50 000 € prêtés, les deux montants ne sont pas équivalents. Ce n'est pas intéressant pour l'entreprise.

APPLICATION 6 p. 33 Taux de rentabilité actuariel

L'investisseur doit-il investir dans le projet ?

Détermination des recettes nettes obtenues à la fin de chaque période :

	Année 1	Année 2	Année 3
Encaissements	100 000 €	120 000 €	150 000 €
– Décaissements	80 000 €	90 000 €	100 000 €
Recettes nettes	20 000 €	30 000 €	50 000 €

Actualisons les recettes nettes au taux de 12 % :

$A = 20\,000(1{,}12)^{-1} + 30\,000(1{,}12)^{-2} + 50\,000(1{,}12)^{-3}$

$= 17857{,}14 + 23915{,}82 + 35589{,}01$

$= 77\,361{,}97$ €.

Au taux du marché, le projet est rentable puisqu'il dégage un flux de recettes nettes actualisé supérieur au montant de l'investissement.

CHAPITRE

2

La valeur et le risque

APPLICATION 1 p. 50 Vrai-Faux

Répondez par « Vrai » ou par « Faux » aux affirmations ci-dessous.

1. **Un avenir aléatoire est un univers où il est possible d'affecter une distribution de probabilités à des prévisions.**

   Vrai

2. **La méthode de l'équivalent certain consiste à appliquer une décote.**

   Vrai

3. **En finance, plus la durée du projet est longue, moins le risque est important.**

   Faux

4. **Une prime de risque ne peut jamais être supérieure au taux d'intérêt d'un actif sans risque.**

   Faux

5. **Les emprunts de tous les États sont réputés être des produits sans risque.**

   Vrai

6. **L'espérance mathématique mesure le risque d'un événement.**

   Faux

7. **La variance est la racine carrée de l'écart type.**

   Faux

8. Le risque est mesuré par la dispersion de la variable par rapport à l'espérance mathématique.
Vrai

9. Le critère de Wald considère l'investisseur comme plutôt pessimiste.
Vrai

10. Le critère de Laplace-Bayes le considère comme un optimiste.
Faux

11. Les états de la nature sont une donnée extérieure qui s'impose à l'entrepreneur.
Vrai

12. La diversification des projets permet une réduction du risque.
Vrai

13. L'investisseur choisit toujours le projet le plus rentable même s'il est plus risqué.
Faux

14. La diminution du risque est liée à la covariance des projets.
Vrai

15. Selon les mathématiques, la diversification des métiers de l'entreprise devrait permettre une réduction du risque, alors que les marchés financiers réclament un recentrage des entreprises sur leur métier de base.
Vrai

APPLICATION 2 p. 50 Étude du risque

Quelle est la machine la plus fiable ?

La machine la plus fiable est la B avec des pannes estimées entre 606 et 960, contre 707 et 1 120 pour la A et 912 et 1 340 pour la C.

APPLICATION 3 p. 51 Comparaison de deux projets

Déterminez le projet le plus rentable et le projet le plus risqué.

Projet n° 1 :

	CA (en M€)	P	CA × P	CA²	CA² × P
Pessimiste	5	1/3	1,67	25,00	8,33
Moyen	7,5	1/3	2,50	56,25	18,75
Optimiste	10	1/3	3,33	100,00	33,33
			7,50		**60,41**

$E(X) = 7,5$

$V(X) = 60,41 \Rightarrow \sigma = 7,77$

Projet n° 2 :

	CA (en M€)	P	CA × P	CA^2	$CA^2 \times P$
Pessimiste	5	0,1	0,50	25,00	2,50
Moyen	7,5	0,4	3,00	56,25	22,50
Optimiste	10	0,5	5,00	100,00	50,00
			8,50		**75,00**

$E(X) = 8,50$

$V(X) = 75,00 \Rightarrow \sigma = 8,66$

Le projet n° 2 est le plus rentable et le plus risqué.

APPLICATION 4 p. 51 Projet en avenir indéterminé

Déterminez quels seront les projets choisis en application des critères de décision de la théorie des jeux : critères de Wald, Laplace-Bayes, Savage et Hurwicz avec un coefficient α = 0,3.

	Faible	Moyenne	Forte
Produit nouveau	2 400	1 000	–1 400
Baisse du prix de vente	800	400	300
Campagne publicitaire	1 600	600	–1 000
Promotion sur le lieu de vente	1 800	800	– 400

Critère de Wald

Le critère de Wald revient pour chaque projet à retenir le résultat minimum le plus élevé :

– 1 400/300/– 1 000/– 400.

On retiendra donc l'hypothèse de baisse du prix de vente (300).

Critère de Laplace-Bayes

Le critère de Laplace-Bayes revient pour chaque projet à calculer la moyenne arithmétique des gains espérés, le décideur privilégiant le projet ayant les gains les plus forts :

Produit nouveau : (2 400 + 1 000 – 1 400)/3 = 666,67.

Baisse du prix de vente : (800 + 400 + 300)/3 = 500.

Campagne publicitaire : (1 600 + 600 – 1 000)/3 = 400.

Promotion sur le lieu de vente : (1 800 + 800 – 400)/3 = 733,33.

On retiendra donc l'hypothèse de promotion sur le lieu de vente (733,33).

Critère de Savage

Le critère de Savage revient pour chaque projet à déterminer le manque à gagner, c'est-à-dire à réaliser une matrice des regrets résultant de l'adoption des autres projets :

	Faible	Moyenne	Forte
Produit nouveau	2 400 – 2 400 = 0	1 000 – 1 000 = 0	300 – (–1 400) = 1 700
Baisse du prix de vente	2 400 – 800 = 1 600	1 000 – 400 = 600	300 – 300 = 0
Campagne publicitaire	2 400 – 1 600 = 800	1 000 – 600 = 400	300 – (–1 000) = 1 300
Promotion sur le lieu de vente	2 400 – 1 800 = 600	1 000 – 800 = 200	300 – (– 400) = 700

Les regrets maximaux sont 1 700 ; 1 600 ; 1 300 et 700. Le plus faible des regrets maximaux est 700.

On retiendra donc l'hypothèse de promotion sur le lieu de vente (700).

Critère de Hurwicz

Le critère de Hurwicz revient pour chaque projet à calculer une moyenne arithmétique pondérée du revenu le meilleur et du revenu le moins bon avec un coefficient de 0,7 pour le meilleur et de 0,3 pour le moins bon (avec $\alpha = 0{,}3$).

– produit nouveau : (2 400 × 0,7) + (–1 400 × 0,3) = 1 260 ;

– baisse du prix : (800 × 0,7) + (300 × 0,3) = 650 ;

– publicité : (1 600 × 0,7) + (–1 000 × 0,3) = 820 ;

– promotion : (1 800 × 0,7) + (– 400 × 0,3) = 1 140.

On retiendra donc l'hypothèse du lancement d'un produit nouveau (1 260).

APPLICATION 5 p. 52] Arbre de décision sans actualisation

Construisez l'arbre de décision et déterminez la solution la plus rentable. Il ne vous est pas demandé d'actualiser les résultats.

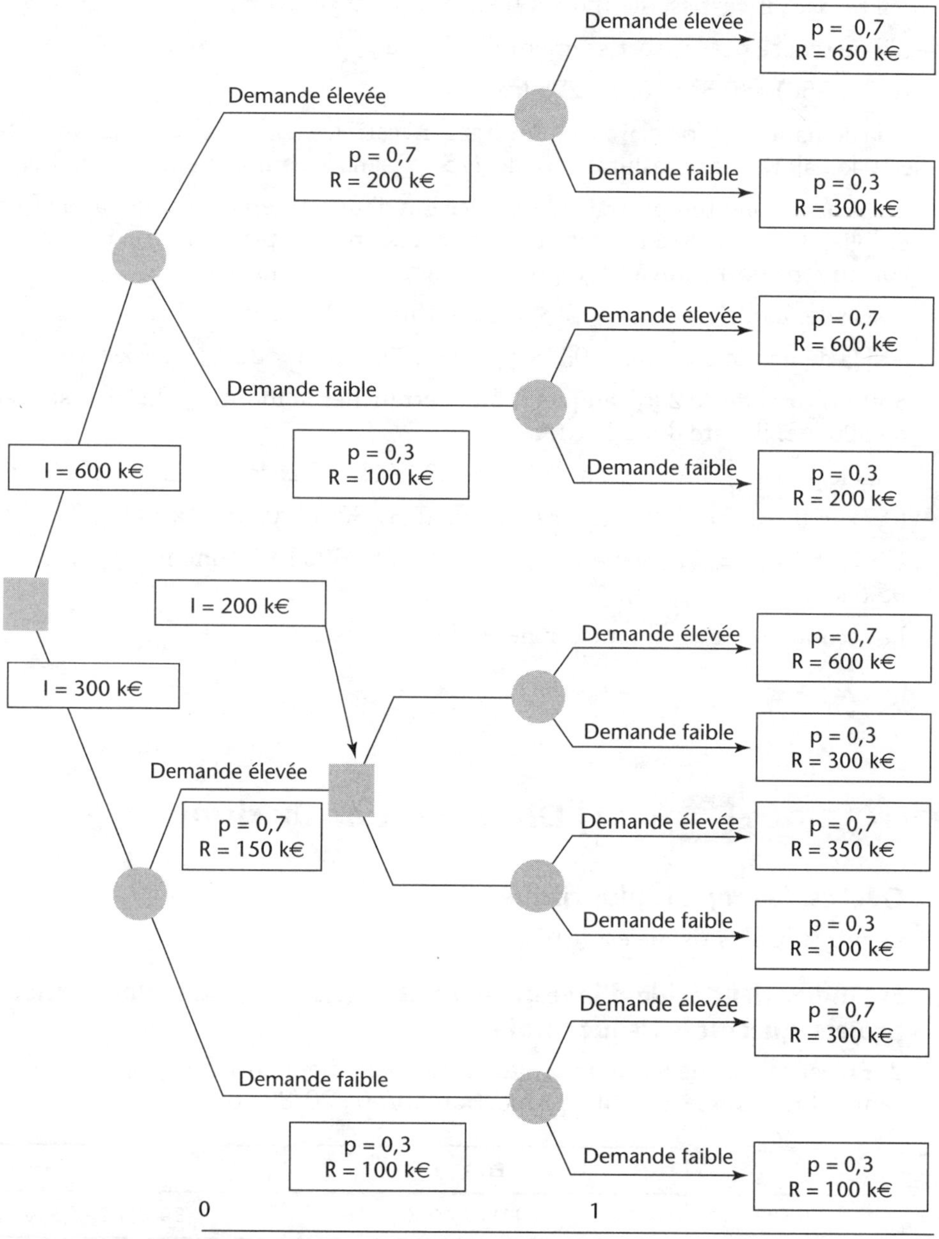

Déterminez le projet le plus rentable.

Il faut prendre le problème à l'envers et déterminer ce que l'investisseur fera l'an prochain. Nous partons de la droite de l'arbre et nous remontons progressivement vers la gauche.

Pour le projet n° 2 et dans 1 an, il devra décider s'il investit 200 k€ dans le cas où la demande se révèle forte :

(0,7 × 600) + (0,3 × 300) = 510 k€.

S'il réalise l'investissement de 200 €, le résultat sera donc de 510 – 200 = 310 k€.

S'il ne réalise pas l'investissement, il recevra :

(0,7 × 350) + (0,3 × 100) = 275 k€.

Si la demande est forte, il a tout intérêt à investir les 200 k€ puisqu'ils rapporteront 310 k€ alors que le résultat sera de 275 k€ sans le complément d'investissement.

Dans un second temps, puisque la décision d'investir en cas de demande forte est établie, il faut se poser la question du choix entre le projet 1 et le projet 2. Nous continuons notre travail d'approfondissement sur le projet 2 :

– si la demande est forte : 0,7 × (310 + 150) = 322 k€ ;

– si la demande est faible : 0,3 × [(0,7 × 300) + (0,3 × 300)] = 90 k€.

Soit un total de 412 k€ auquel il faut retrancher le montant de l'investissement de 300 k€. Il reste donc 112 k€.

Pour le projet 1, l'investissement est de 600 €. Les flux de revenus sont les suivants :

(0,7 × 200) + (0,3 × 100) + 0,7[(0,7 × 650) + (0,3 × 300)] + 0,3[(0,7 × 600) + (0,3 × 200)].

L'investissement rapporte 695,5 k€ et coûte 600 k€, donc il rapporte au final 95,5 k€.

Le second projet est financièrement plus intéressant.

APPLICATION 6 p. 52 Diversification du risque

1. Quel est le projet le plus risqué ?

Le projet le plus risqué est le n° 2.

2. Si l'industriel décide d'investir la moitié de ses capitaux dans chacun des projets, quel est le risque total ?

2. En estimant que les deux projets sont totalement corrélés ($p_{12} = 1$), calculez la rentabilité espérée avec une proportion 50/50 ; 20/80 ; 80/20.

	E(*X*)	(σ)
50/50	(7 + 11) / 2 = 9 %	(3 + 8) / 2 = 5,5 %
20/80	(0,2 × 7) + (0,8 × 11) = 10,2 %	(0,2 × 3) + (0,8 × 8) = 7 %
80/20	(0,8 × 7) + (0,2 × 11) = 7,8 %	(0,8 × 3) + (0,2 × 8) = 4 %

Dans le premier cas, nous vérifions en utilisant la formule que si les projets sont totalement corrélés, on trouve le même résultat pour une composition 50/50 :

$\text{Var}(X) = [(0,5)^2 \times (3)^2] + [(0,5)^2 \times (8)^2] + [2 \times 0,5 \times 0,5 \times 0,5 \times 3 \times 8] = 24,25$, d'où un $\sigma = 4,9$ %.

3. Quel est le risque s'il décide d'investir 1/3 dans le projet 1 et 2/3 dans le projet 2 ?

	E(X)	(σ)
50/50	(7 + 11) / 2 = 9 %	4,67 %
20/80	(0,2 × 7) + (0,8 × 11) = 10,2 %	6,60 %
80/20	(0,8 × 7) + (0,2 × 11) = 7,8 %	3,26 %

$Var(X) = [(0,5)^2 \times (3)^2] + [(0,5)^2 \times (8)^2] + [2 \times 0,5 \times 0,5 \times 0,3 \times 3 \times 8] = 21,85$, d'où un $\sigma = 4,67$ %.

$Var(X) = [(0,2)^2 \times (3)^2] + [(0,8)^2 \times (8)^2] + [2 \times 0,2 \times 0,8 \times 0,3 \times 3 \times 8] = 43,62$, d'où un $\sigma = 6,60$ %.

$Var(X) = [(0,8)^2 \times (3)^2] + [(0,2)^2 \times (8)^2] + [2 \times 0,8 \times 0,2 \times 0,3 \times 3 \times 8] = 10,62$, d'où un $\sigma = 3,26$ %.

4. Faites un calcul identique si la proportion est inverse : 1/3 dans le projet 2 et 2/3 dans le projet 1.

	E(X)	(σ)
50/50	(7 + 11)/2 = 9 %	2,5 %
20/80	(0,2 × 7) + (0,8 × 11) = 10,2 %	5,8 %
80/20	(0,8 × 7) + (0,2 × 11) = 7,8 %	0,8 %

$Var(X) = [(0,5)^2 \times (3)^2] + [(0,5)^2 \times (8)^2] + [2 \times 0,5 \times 0,5 \times (-1) \times 3 \times 8] = 6,25$, d'où un $\sigma = 2,5$ %.

$Var(X) = [(0,2)^2 \times (3)^2] + [(0,8)2 \times (8)2] + [2 \times 0,2 \times 0,8 \times (-1) \times 3 \times 8] = 33,64$, d'où un $\sigma = 5,8$ %.

$Var(X) = [(0,8)^2 \times (3)^2] + [(0,2)2 \times (8)2] + [2 \times 0,8 \times 0,2 \times (-1) \times 3 \times 8] = 0,64$, d'où un $\sigma = 0,8$ %.

5. Commentez les résultats précédents.

Avec cet exemple, nous voyons qu'il existe une possibilité d'éliminer totalement le risque à l'appréciation près qu'il est réellement impossible de trouver des corrélations négatives parfaites entre deux projets.

CHAPITRE

3

La valeur et l'information

APPLICATION 1 p. 72 Vrai-Faux

Répondez par « Vrai » ou par « Faux » aux affirmations ci-dessous.

1. **L'asymétrie de l'information est réduite par la publication d'une information réglementée.**
   Vrai
2. **Le délit d'initié correspond à une prise illégale d'intérêt par une personne possédant des informations non diffusées publiquement.**
   Vrai
3. **AMF signifie Association des marchés financiers.**
   Faux
4. **Le SRD permet à un investisseur d'investir sur le marché financier sans utiliser ses propres liquidités.**
   Vrai
5. **Le marché secondaire est le seul marché qui procure un financement réel à l'entreprise.**
   Faux
6. **Le marché obligataire est quasiment accessible aux seules grandes entreprises, aux collectivités publiques et à l'État.**
   Vrai
7. **Un placement global garanti permet à l'entreprise d'être sûre que tous ses titres seront placés dans le public ou auprès des membres du syndicat.**
   Vrai

8. Euronext réunit toutes les Bourses financières de l'Union européenne.
Faux

9. Alternext est un marché destiné à permettre aux PME un accès simplifié au marché financier.
Vrai

10. La Cotation assistée en continu ne permet pas de connaître le fixing deux fois par jour.
Faux

11. Les indices boursiers correspondent à des indicateurs de performances pour des entreprises regroupées en fonction de leurs tailles.
Vrai

12. Le taux actuariel d'une obligation tient compte des flux de revenus réellement encaissés par l'investisseur.
Vrai

13. L'obligation est toujours cotée avec le coupon attaché, c'est-à-dire intérêt couru non échu inclus.
Faux

14. Lorsqu'une obligation cote une valeur supérieure à 100, le taux d'intérêt actuel est supérieur au taux d'intérêt de l'obligation.
Faux

15. Lorsqu'un actionnaire donne un ordre de vente « au marché », il prend le risque de vendre son titre à n'importe quel prix.
Vrai

APPLICATION 2 p. 73] Rentabilité et risque d'un portefeuille

1. Quel est le titre le plus rentable ? Le plus risqué ?

Titre X

Xi	Pi	E(X) = XiPi	Xi^2	Xi^2Pi
11	0,2	2,2	121	24,2
9	0,2	1,8	81	16,2
25	0,2	5	625	125
7	0,2	1,4	49	9,8
−2	0,2	−0,4	4	0,8
		10		**176**

L'espérance mathématique est de 10 et la variance de 176, soit un écart type de 13,3.

Titre Y

Yi	Pi	E(Y) = YiPi	Yi^2	Yi^2Pi
-3	0,2	-0,6	9	1,8
15	0,2	3	225	45
2	0,2	0,4	4	0,8
20	0,2	4	400	80
6	0,2	1,2	36	7,2
		8		**134,8**

L'espérance mathématique est de 8 et la variance de 134,8, soit un écart type de 11,6. Le titre X est le plus rentable et le plus risqué.

2. **Quels seraient la rentabilité espérée et le risque si le portefeuille était composé par moitié de titres X et de titres Y ?**

E(X, Y) : (8 + 10)/2 = 9 %.

Comme il n'y a pas d'indication particulière, les titres sont estimés évoluer dans le même sens et dans les mêmes proportions ($p_{12} = 1$).

Var(X, Y) : $(0,5^2 \times 11,6^2) + (0,5^2 \times 13,3^2) + (2 \times 0,5 \times 0,5 \times 1 \times 11,6 \times 13,3) = 155$, d'où $\sigma = 12,45$, soit la moyenne pondérée des écarts types des titres : $(13,3 + 11,6)/2 = 12,45$.

Le risque n'est pas modifié, quelle que soit la combinaison. Seule l'espérance de gain est différente. Pour que le risque diminue, il convient de chercher des titres qui n'évoluent pas de la même façon, c'est-à-dire qui ont des corrélations différentes de 1.

APPLICATION 3 p. 73 Optimisation d'un portefeuille

1. **S'il était possible de trouver sur le marché financier deux titres non corrélés, quel serait alors le risque ?**

E(X, Y) : (8 + 10)/ 2 = 9 %.

Si les titres sont non corrélés, la covariance s'annule ($p_{12} = 0$).

Le risque est alors égal à la première partie de la fonction :

Var(X, Y) : $(0,5^2 \times 11,6^2) + (0,5^2 \times 13,3^2) = 77,86$, d'où $\sigma = 8,82$.

Le risque est alors nettement inférieur pour une rentabilité identique. La difficulté est de trouver des titres qui ne soient pas corrélés.

2. **Pour illustrer ce phénomène, on vous demande de calculer le risque pour un coefficient de corrélation égal à 0,5, -0,5 et -1.**

Si $p_{12} = 0,5$

Var(X, Y) : $(0,5^2 \times 11,6^2) + (0,5^2 \times 13,3^2) + (2 \times 0,5 \times 0,5 \times 0,5 \times 11,6 \times 13,3)$ $= 116,43$, d'où $\sigma = 10,79$.

Si p_{12} = - 0,5

Var(X, Y) : $(0{,}5^2 \times 11{,}6^2) + (0{,}5^2 \times 13{,}3^2) + (2 \times 0{,}5 \times 0{,}5 \times -0{,}5 \times 11{,}6 \times 13{,}3)$

= 39,29, d'où σ = 6,27.

Si p_{12} = –1

Var(X, Y) : $(0{,}5^2 \times 11{,}6^2) + (0{,}5^2 \times 13{,}3^2) + (2 \times 0{,}5 \times 0{,}5 \times -1 \times 11{,}6 \times 13{,}3)$

= 0,72, d'où σ = 0,85.

3. Regroupez l'ensemble des résultats obtenus pour l'étude de l'impact de ce coefficient de corrélation et concluez sur la théorie financière qui invite à la diversification des placements.

P_{12}	+1	+0,5	0	–0,5	–1
s	12,45	10,79	8,82	6,27	0,85

Il suffit que le coefficient de corrélation soit inférieur à 1 pour que la diversification produise des effets. Comme il est rare, voire exceptionnel, que deux actions soient totalement corrélées, le fait de réunir dans un portefeuille deux actions différentes diminue naturellement le risque.

La théorie financière qui prône la diversification des placements est ainsi confirmée.

APPLICATION 4 p. 73 Cotation d'une action

À partir du récapitulatif d'ordres du jour fourni ci-dessous pour le titre Excelsior, remplissez le tableau confrontant les ordres d'achat et de vente, puis fixez le cours de Bourse du jour et le nombre de titres échangés ce jour-là.

Tableau de confrontation des ordres d'achat et de vente

Acheteurs		Cours	Vendeurs	
Titres	Cumul		Cumul	Titres
		Au marché	50	50
200	325	327,00	50	–
100	125	327,50	50	–
50	125	**328,00**	250	200
25	75	328,50	400	150
–	50	329,00	475	75
–	50	329,50	725	250
50	50	Au marché		–

Le cours qui permet le plus grand échange d'actions est de 328 €. Ce cours permettra l'échange de seulement 125 titres.

APPLICATION 5 p. 74 Valeur d'une obligation

1. Calculez le cours de l'obligation au pied du coupon le 1er mars N + 3.

	Versements	Actualisés à 7 %
122/365	50	48,88
1 + 122/365	50	45,68
2 + 122/365	1 050	896,60
		991,16

Cours de l'obligation au pied du coupon : (991,16/1 000) × 100 = 99,12.

2. Déterminez la valeur du coupon couru non échu à la même date.

Coupon = 1 000 × 0,05 = 50.

Coupon couru : 0,05 × (243/365) × 100 = 3,33.

3. Calculez la valeur du portefeuille coupons inclus à la même date.

99,12 + 3,33 = 102,45.

102,45/100 × 1 000 = 1 024,50 €.

4. Refaites tous les calculs avec un taux d'intérêt au 1er mars N + 3 de 3 %.

Cours de l'obligation au pied du coupon le 1er mars N + 3

	Versements	Actualisés à 3 %
122/365	50	49,51
1 + 122/365	50	48,07
2 + 122/365	1 050	980,00
		1 077,58

Cours de l'obligation au pied du coupon : (1 077,58/1 000) × 100 = 107,76.

Valeur du coupon couru non échu

Coupon = 1 000 × 0,05 = 50.

Coupon couru : 0,05 × (243/365) × 100 = 3,33.

Prix de vente de l'obligation (obligation coupon attaché)

107,76 + 3,33 = 111,09.

111,09/100 × 1 000 = 1 110,90 €.

APPLICATION 6 p. 74 Taux actuariel brut

1. Quel est le flux financier perçu par la Banque Postale ?

La Banque Postale perçoit un flux de : 1 450 × 1 500 000 = 2 175 000 000 €.

2. Quel sera le montant du remboursement ?

Le remboursement sera de 1 520 × 1 500 000 = 2 280 000 000 €.

3. Quel est le coût total supporté par la Banque Postale ?

– Prime de remboursement : 20 × 1 500 000 = 30 000 000 € ;

– intérêts : 1 500 000 × 1 500 × 4 % × 5 = 450 000 000 €.

Le coût total est donc de 480 000 000 €.

4. Quel est le taux actuariel brut de cet emprunt ?

$$1\,450 = 60 \times \frac{1-(1+i)^{-5}}{i} + 1\,500(1+i)^{-5}.$$

Le taux actuariel est de 4,76 %.

CHAPITRE

4

La démarche du diagnostic

APPLICATION 1 p. 95 Vrai-Faux

Répondez par « Vrai » ou par « Faux » aux affirmations ci-dessous.

1. **Le passif du bilan est classé par ordre d'exigibilité.**
   Vrai
2. **Le diagnostic économique suppose des informations extra-comptables.**
   Vrai
3. **Le bilan social permet d'avoir une connaissance quantitative des ressources humaines de l'entreprise.**
   Vrai
4. **Une baisse du chiffre d'affaires d'une entreprise suppose obligatoirement une diminution de l'activité.**
   Faux
5. **Une activité de conseil est fortement capitalistique.**
   Faux
6. **L'analyse comparative ne doit se faire que pour des entreprises du même secteur et de taille comparable.**
   Vrai
7. **Les reclassements complètent les données comptables alors que les retraitements modifient l'information comptable.**
   Vrai

8. La conception patrimoniale du bilan permet d'avoir une image fidèle de la valeur de l'entreprise.

Faux

9. Le compte de résultat anglo-saxon est présenté par nature contrairement au compte de résultat européen qui fait apparaître la valeur ajoutée.

Faux

10. L'annexe comprend plus d'informations que les tableaux annexes de la liasse fiscale.

Vrai

APPLICATION 2 p. 95 Révision des connaissances comptables

1. Quelle est la valeur brute des clients et des stocks en N–1 ?

La valeur brute des clients et des stocks n'est pas indiquée dans le bilan de l'exercice N. Seule la valeur nette apparaît. Il convient donc de la retrouver en faisant le calcul suivant :

Valeur nette du poste d'actif N–1 + Provision du poste d'actif au début de l'exercice N (tableau n° 7)

On obtient donc :

Clients : 6 700 + 300 = 7 000

Stocks : 2 500 + 0 = 2 500

2. Que représentent des valeurs mobilières de placement par rapport à des participations ?

Les valeurs mobilières de placement (VMP) constituent des placements temporaires de trésorerie. Ce sont des actifs financiers très rapidement mobilisables qui sont pour l'essentiel représentés par des OPCVM monétaires : SICAV et FCP.

Les participations sont également des actifs financiers mais constituent des placements à plus ou moins long terme dans le but soit de placer une trésorerie structurellement excédentaire, soit d'entrer dans le capital d'une autre société. Ce type d'opération participe au processus de croissance externe.

3. Quel est le montant brut des immobilisations en N–1 ?

Il est possible de trouver la valeur brute des immobilisations à partir du tableau n° 5 dans la rubrique « au début de l'exercice ».

Si ce tableau est absent, nous adopterons le même raisonnement que dans la question 1, avec l'utilisation de tableaux différents.

La valeur nette est complétée soit par des amortissements (tableau n° 6), soit par des provisions (tableau n° 7).

On obtient donc :

Immobilisations corporelles : 49 600

Immobilisations financières : 15 000

4. Quel est le montant des amortissements en N–1 ?

Les amortissements en début d'exercice se trouvent dans le tableau n° 6 :

Amortissements en début d'exercice : 6 000

5. Quelle est la valeur brute des participations en N–1 ?

Les titres de participations sont inscrits dans l'actif immobilisé financier du tableau n° 5 :

Autres immobilisations financières : 15 000

6. Dans quel cas l'entreprise peut-elle constater une provision financière ?

Une provision financière se justifie lorsque le cours de l'action (si elle est cotée) est plus faible que le cours d'acquisition. En cas d'absence de cotation, une estimation des titres doit être faite en fin d'exercice.

7. Retrouvez par calcul le stock initial de marchandises.

Le stock final de marchandises est de 3 000.

La variation de stocks de marchandises est de –500.

Le stock initial est donc de 2 500.

8. D'où proviennent les réserves ?

Les réserves proviennent des bénéfices antérieurs non distribués sous forme de dividendes. Elles constituent une partie de l'autofinancement.

9. Donnez le détail des dettes fiscales et sociales en N. Peut-on faire la même chose en N–1 ?

Le détail des créances et dettes fiscales et sociales apparaît dans le tableau n° 8. Cette information n'existe que pour l'année N. Pour obtenir la même information, il faudrait disposer de la liasse fiscale de l'année N–1.

Créances : TVA (400) ; il n'y a pas de créance sociale

Dettes : TVA (1 100) + Impôts sur les bénéfices (200) + Sécurité Sociale (300) + Personnel (400)

10. Qu'est-ce qu'un concours bancaire courant ? Quel en est le montant en N ? en N–1 ?

Un concours bancaire courant (CBC) est généralement appelé « découvert bancaire ». Il est autorisé par la banque et fait l'objet d'une négociation. C'est une possibilité pour l'entreprise d'acheter de la trésorerie. Le coût en est généralement élevé. C'est une information qui apparaît au bas du passif du bilan.

CBC N : 1 200

CBC N–1 : 400

11. Quel est le montant des emprunts à terme en N ?

L'intitulé Emprunts et dettes financières comprend trois éléments :

– les emprunts ;

– les intérêts courus non échus ;

– les concours bancaires courants.

Pour obtenir le montant initial des emprunts, il faut tenir compte de ces éléments :

emprunts N = 16 500 – 1 200 = 15 300.

12. Quel est le taux d'intérêt apparent supporté par l'entreprise sur ses emprunts ?

Le montant des charges d'intérêt apparaît dans le compte de résultat (1 470).

Il faut le comparer au montant des emprunts en début d'exercice (N–1 = 18 000).

Taux d'intérêt apparent = 1 470/18 000 × 100 = 8,2 %.

Ce taux est élevé compte tenu des taux pratiqués (4 à 5 %). Cela signifie que le montant des emprunts est en fin d'année inférieur au niveau moyen constaté pendant l'année (activité saisonnière, par exemple).

13. Que représentent les charges sociales par rapport aux salaires et traitements ?

Ce vocable représente les charges patronales qui viennent en plus des salaires bruts. Le coût du personnel est donc égal à : traitements et salaires + charges sociales.

Coût du personnel N = 7 700 + 3 100 = 10 800.

14. Quelle différence y a-t-il entre des impôts et taxes et des impôts sur les bénéfices ?

Les impôts et taxes sont dus quel que soit le niveau du résultat (perte ou bénéfice). Il s'agit de taxes supportées par l'entreprise en contrepartie des services offerts par les collectivités publiques (routes, écoles, infrastructures, etc.). Les impôts sur les bénéfices ne sont dus que si l'entreprise réalise des bénéfices.

15. Retrouvez dans les tableaux annexes les dotations et reprises sur amortissements et provisions qui apparaissent dans le compte de résultat.

Ces informations sont contenues dans les tableaux n° 6 et 7.

Dotations aux amortissements : 7 500 (il n'existe pas de reprises sur amortissements).

Dotations aux provisions : 1 350 (financières : 1 000 et exploitation : 350).

Reprises sur provisions : 220 (financières : 20 et exploitation : 200).

APPLICATION 3 p. 96 Présentations du compte de résultat

1. Présentez le compte de résultat par nature des charges et des produits.

70	5 148
707	970
Total des produits	**6 118**
60, 61, 62	3 400
63	137
64	1 035
66	100
68	1 093
Total des charges	**5 765**
Résultat	**353**

2. Construisez le compte de résultat en tenant compte de la variabilité des charges.

Chiffre d'affaires	6 118
Charges variables	2 842
Marge sur coût variable	**3 276**
Charges de structure	2 923
Résultat	**353**

3. Quels sont les apports respectifs de ces deux présentations du compte de résultat ?

Le compte de résultat par nature permet de suivre des postes identifiés de charges et de produits. Ce type d'information est très utile pour suivre les dépenses budgétaires et pour mettre en évidence les soldes intermédiaires de gestion.

Le compte de résultat par variabilité permet de déterminer le seuil de rentabilité.

4. En ne tenant pas compte des recettes liées à la publicité et à la location de salles, déterminez le nombre d'entrées nécessaires pour atteindre le seuil de rentabilité. Déterminez le nombre de places qu'il convient de vendre en moyenne par jour.

Seuil de rentabilité : 2 923 = (SDR × 3 276) / 6 118 = 5 459 k€.

Le prix moyen du billet est de 4 639 / 987 021 × 1 000 = 4,70 €.

Nombre d'entrées : 4 639 / 4,70 × 1 000 = 987 021 billets vendus.

Nombre de places par jour : 987 021 / 365 = 2 704 billets par jour.

APPLICATION 4 p. 97] Information économique et information financière

1. Faites la part des informations d'ordre économique et d'ordre financier.

Les seules informations économiques concernent les effectifs. Tout le reste est d'ordre financier.

2. Comment expliquer l'évolution du chiffre d'affaires et du résultat net ?

Le chiffre d'affaires progressait jusqu'en N–2 sur plusieurs activités (conglomérat d'activités). Les mauvais résultats enregistrés en N–2 ont conduit l'entreprise à se recentrer sur un pôle d'activités entraînant une diminution importante du chiffre d'affaires en N–1 (baisse de 14,1 % du chiffre d'affaires).

La restructuration opérée au cours de l'année N–1 a conduit à un déficit important.

En N, l'entreprise renoue avec une augmentation du chiffre d'affaires (+ 2,8 %) et un résultat positif.

3. Quelles sont les opérations qui ont été visiblement menées dans l'entreprise entre N–3 et N–1 ?

- première période : développement diversifié de l'activité ;
- deuxième période : recentrage sur le métier, cession d'activités (désinvestissements en N–3 et N–2) et diminution importante des effectifs (perte de 1/3 des effectifs en N–2) ;
- troisième période : nouvelle période de développement à partir de N–1 avec des investissements forts mais des effectifs qui continuent de régresser.

Le recentrage sur le métier s'est accompagné d'une cession d'activités non profitables fortement utilisatrices de main-d'œuvre.

APPLICATION 5 p. 97] Lecture de l'annexe

1. Quelles sont les conséquences de l'utilisation de l'amortissement dégressif en analyse financière ?

L'amortissement dégressif est un amortissement dérogatoire. C'est une disposition fiscale qui permet à l'entreprise d'avoir une facilité de trésorerie les premières années de l'investissement et ainsi de le financer partiellement par autofinancement.

Exemple : un logiciel amortissable sur 5 ans a un coût d'acquisition de 900 k€. Il est amortissable de façon exceptionnelle sur 12 mois. Il est acquis en début d'année N.

L'entreprise pratiquera un amortissement économique (linéaire) de 180 k€ et un amortissement exceptionnel de 720 k€.

Grâce au complément d'amortissement, l'entreprise va réduire son assiette fiscale de 720 k€, ce qui entraînera une diminution de l'impôt sur les bénéfices de 720 / 3 = 240 k€.

Au lieu de verser 240 k€ à l'administration fiscale en N, elle pourra financer partiellement son acquisition de logiciel.

Si l'amortissement dégressif apparaît en diminution de la valeur d'origine (ce qui n'est pas conforme aux directives du PCG), le risque est de considérer l'ensemble des amortissements comme des amortissements économiquement justifiés et de porter un jugement erroné sur la vétusté de l'outil de production.

2. Les taux d'amortissements pratiqués sont-ils cohérents, en particulier pour les bâtiments ?

Les taux pratiqués relèvent d'usages constatés dans la profession et surtout d'indications d'origine fiscale. Les bâtiments sont, ici, amortis sur 20 ans, ce qui est une durée traditionnellement constatée alors que la durée de vie d'un bâtiment est souvent supérieure à cette durée indicative.

L'approche par composants mise en place à partir du 1er janvier 2006 modifie profondément cette pratique et pose le problème de la durée économique, c'est-à-dire de la durée qui correspond à la durée réelle d'exploitation de l'actif.

3. Quelle différence peut-on faire entre prix et coût pour les stocks ?

Le prix d'achat d'un stock est une notion comptable. C'est le montant qui apparaît sur la facture d'acquisition alors que le coût est une notion analytique qui comprend d'autres charges telles que le coût d'approvisionnement (transport, assurance, etc.), l'entreposage (bâtiments, locaux réfrigérés, etc.), etc.

Notons que la comptabilité financière utilise ici une information analytique.

4. Quel est l'impact du statut juridique de la société sur la communication financière ?

Toutes les entreprises doivent déposer leurs comptes aux greffes du tribunal :

- les sociétés à responsabilité limitée (SARL, EURL) ;
- les sociétés de personnes (SNC, SCS), sous certaines conditions : les sociétés en nom collectif dont au moins l'un des associés est une personne physique ne sont pas dans l'obligation de déposer leurs comptes annuels ;
- les sociétés par actions (SA, SAS et SCA) ;
- les sociétés commerciales dont le siège est situé à l'étranger et qui ont ouvert un ou plusieurs établissements en France ;
- les sociétés d'exercice libéral (SELARL, SELAFA, SELCA, SELAS).

Les informations déposées sont les suivantes : le bilan (actif, passif), le compte de résultat, les annexes, le rapport de gestion, le procès-verbal de l'assemblée d'approbation des comptes ou l'extrait contenant la proposition votée d'affectation du résultat et, le cas échéant, le rapport du commissaire aux comptes.

Les entreprises qui ne déposent pas leurs comptes sont redevables d'une amende. L'article L. 611-2-II du Code de commerce introduit par la loi de sauvegarde des entreprises du 26 juillet 2005 dispose qu'à compter du 1er janvier 2006, le président du tribunal de commerce peut adresser aux dirigeants des sociétés qui ne déposent pas leurs comptes au greffe une injonction de le faire sans demande de tiers.

Les entreprises qui font appel à l'épargne publique doivent communiquer beaucoup plus d'informations.

5. **Quel est le montant qui devrait apparaître à l'actif et au passif du bilan si l'entreprise était propriétaire du bien ? Quel serait le montant de la dotation aux amortissements ?**

Si l'entreprise était propriétaire du bien, le matériel serait inscrit à l'actif du bilan pour sa valeur d'origine (50 000 €). Pour le financer, un emprunt aurait sans doute été contracté : les dettes financières seraient majorées d'un montant identique.

Tous les ans, les amortissements seraient constatés en diminution de la valeur brute et l'emprunt amorti d'un montant équivalent.

En retenant l'hypothèse que la durée du contrat correspond à la durée d'amortissement du bien, le calcul de la dotation aux amortissements est le suivant :

(50 000 – 5 000) / 6 = 7 500 € par an.

Les charges financières sont donc de 8 916,30 – 7 500 = 1 416,30 €.

CHAPITRE

5

L'analyse des résultats

APPLICATION 1 p. 116] Vrai-Faux

Répondez par « Vrai » ou par « Faux » aux affirmations ci-dessous.

1. **La profitabilité et la rentabilité sont deux mots synonymes.**

   Faux

2. **La politique d'externalisation permet à l'entreprise de transformer des charges fixes en charges variables.**

   Vrai

3. **La liasse fiscale ne fait pas apparaître les SIG mais elle est construite dans cet esprit.**

   Vrai

4. **Un effet ciseaux correspond à une augmentation du chiffre d'affaires accompagnée d'une diminution des charges.**

   Faux

5. **La valeur ajoutée est un indicateur de profitabilité.**

   Faux

6. **Il est possible dans les comptes sociaux d'inscrire à l'actif du bilan les biens financés par crédit-bail.**

   Faux

7. Il n'y a aucune indication dans la liasse fiscale sur la part du chiffre d'affaires réalisée à l'exportation.

Faux

8. Le personnel intérimaire a un contrat de travail avec l'entreprise et fait partie des charges de personnel de l'entreprise.

Faux

9. En situation d'IBE, l'entreprise ne peut pas rémunérer le facteur capital.

Vrai

10. Pour les entreprises commerciales, la marge commerciale est proche de la notion de marge sur coût variable.

Vrai

APPLICATION 2 p. 116 Taille des entreprises

1. Peut-on comparer aisément le chiffre d'affaires réalisé par Carrefour et celui d'Axa ?

Le chiffre d'affaires d'Axa correspond à des prestations de services, celui de Carrefour à du négoce (achat-vente).

Pour Carrefour, c'est la marge commerciale qui couvre les charges alors que pour Axa, c'est le chiffre d'affaires. Les deux chiffres d'affaires ne sont pas comparables.

2. Comment se fait-il que peu d'entreprises du secteur industriel figurent dans le classement par effectif ?

Le secteur industriel qui est encore présent sur le sol national correspond à des entreprises très automatisées. Les usines sont de plus en plus délocalisées dans les pays à bas coût de main-d'œuvre (LCC : *Low Cost Countries*). Le plus souvent, celles qui restent en France sont des usines d'assemblage où la main-d'œuvre directe est peu importante.

3. Pourquoi des entreprises comme Sodexho Alliance ou Accor ne figurent-elles pas dans le classement des 15 chiffres d'affaires les plus importants et pourquoi Total, première entreprise française, ne figure-t-elle pas parmi les plus gros employeurs ?

Le chiffre d'affaires réalisé par les prestataires de services n'est pas très important comparé à celui de la grande distribution ou du monde industriel. Le groupe Total, quant à lui, a peu d'effectif comparé à l'importance de son chiffre d'affaires (extraction pétrolière et distribution de carburants).

APPLICATION 3 p. 117 Soldes intermédiaires de gestion

Établissez les soldes intermédiaires de gestion conformément au PCG.

Soldes intermédiaires de gestion PCG	
Éléments	**N**
Ventes de marchandises Coût d'achat des marchandises	900 000 638 000
Marge commerciale	**262 000**
Production vendue	**3 747 594**
Produits des activités annexes Production stockée Production de l'exercice	50 000 (2 300) 3 795 294
Consommations en prov. de tiers	(2 224 058)
Valeur ajoutée	**1 571 236**
Subventions d'exploitation Impôts et taxes Charges de personnel	30 000 (7 760) (808 590)
EBE	**784 886**
Autres produits Autres charges RAP et transferts de charges Dotations d'exploitation	10 000 (70 000) 34 700 (130 156)
Résultat d'exploitation	**629 430**
Bénéfice attribué Perte attribuée Produits financiers Intérêts et charges assimilées	15 000 (10 000) 16 650 (38 500)
Résultat financier	**(16 850)**
Résultat courant avant impôt	**612 580**
Produits exceptionnels Charges exceptionnelles	287 000 (210 402)
Résultat exceptionnel	**76 598**
Participation des salariés Impôt sur les bénéfices	(100 000) (203 100)
Résultat net	**386 078**

APPLICATION 4 p. 118 Retraitements

1. Établissez les SIG retraités.

Soldes intermédiaires de gestion PCG		Soldes intermédiaires de gestion corrigés	
Éléments	**N**	**Éléments corrigés**	**N**
Ventes de marchandises Coût d'achat des marchandises	900 000 638 000	Ventes de marchandises Coût d'achat des marchandises – Transfert de charges (transport)	900 000 638 000 (5 000)
Marge commerciale	**262 000**	**Marge commerciale retraitée**	**267 000**
Production vendue + PAA [(1)] Production stockée	3 797 594 (2 300)	Production vendue + PAA – Sous-traitance + Subvention d'exploitation Production stockée	3 797 594 (851 220) 30 000 (2 300)
Production de l'exercice	**3 795 294**	**Production de l'exercice**	**2 974 074**
Consommations en prov. de tiers	(2 224 058)	Consommations en prov. de tiers – Sous-traitance – Redevance de crédit-bail – Personnel intérimaire – Transfert de charges (location)	(2 224 058) 851 220 53 000 220 000 17 000
Valeur ajoutée	**1 571 236**	**Valeur ajoutée corrigée**	**1 891 236**
Subventions d'exploitation Impôts et taxes Charges de personnel	30 000 (7 760) (808 590)	Subventions d'exploitation Impôts et taxes Charges de personnel + Personnel intérimaire	0 (7 760) (808 590) (220 000)
EBE	**784 886**	**EBE corrigé**	**854 886**
Autres produits Autres charges RAP et transferts de charges Dotations d'exploitation	10 000 (70 000) 34 700 (130 156)	Autres produits Autres charges RAP et transferts de charges Dotations d'exploitation + Amortissement du crédit-bail	10 000 (70 000) 12 700 (130 156) (40 000)
Résultat d'exploitation	**629 430**	**Résultat d'exploitation corrigé**	**637 430**
Bénéfice attribué Perte attribuée Produits financiers Intérêts et charges assimilées	15 000 (10 000) 16 650 (38 500)	Bénéfice attribué Perte attribuée Produits financiers Intérêts et charges assimilées + Intérêt sur crédit-bail	15 000 (10 000) 16 650 (38 500) (13 000)
Résultat financier	**(16 850)**	**Résultat financier corrigé**	**(29 850)**
Résultat courant avant impôt	**612 580**	**Résultat courant avant impôt**	**607 580**
Produits exceptionnels Charges exceptionnelles	287 000 (210 402)	Produits exceptionnels Charges exceptionnelles	287 000 (210 402)
Résultat exceptionnel	**76 598**	**Résultat exceptionnel**	**76 598**
Participation des salariés Impôt sur les bénéfices	(100 000) (203 100)	Participation des salariés Impôt sur les bénéfices	(100 000) (203 100)
Résultat net	**386 078**	**Résultat net**	**381 078**

(1) PAA : produits des activités annexes

2. **Effectuez la répartition de la valeur ajoutée entre les différents acteurs.**

Acteurs	SIG PCG		SIG retraités	
	Valeur	Taux	Valeur	Taux
Valeur ajoutée produite	1 571 236	100,0	1 891 236	100,0
– Personnel	808 590	51,5	1 028 590	54,4
– État	210 860	13,4	210 860	11,2
– Prêteurs	38 500	2,4	51 500	2,7
– Entreprise	513 286	32,7	600 286	31,7

APPLICATION 5 p. 118 Commentaires de SIG

1. **Pourquoi le chiffre d'affaires et la production de l'exercice n'évoluent-ils pas dans le même sens ? Quelle en est l'explication ?**

Le chiffre d'affaires diminue alors que la production vendue augmente car le niveau des stocks a fortement progressé par rapport à N+2. Alors que la production stockée (variation de stocks de produits finis) avait diminué au cours des trois précédentes années de 4 093 k€ (en valeur cumulée), les stocks ont été reconstitués pour 2 290 k€ en N+3.

L'interrogation doit porter sur la raison de l'augmentation des stocks : est-ce une sanction du marché ou est-ce une volonté de l'entreprise de disposer de stocks stratégiques ?

2. **À quoi est due la diminution progressive de la valeur ajoutée ?**

La production de l'exercice augmente de 7,2 % alors que les matières premières progressent de plus de 20 %, diminuant ainsi le montant de la valeur ajoutée.

L'explosion du cours des matières premières constatée ces dernières années n'a pas eu d'effet pour les entreprises qui pouvaient répercuter l'augmentation des prix sur les consommateurs (électricité, carburant, etc.) mais bon nombre d'entre elles ont été confrontées à une impossibilité d'augmenter les prix de vente. Ces entreprises, à l'image de la société Kamaze, ont été victimes d'un effet ciseaux.

3. **Que penser de l'évolution du rendement et de la productivité du personnel ?**

Le rendement se mesure par rapport au chiffre d'affaires ou à la production de l'exercice. Compte tenu de l'évolution des stocks, nous utiliserons le second indicateur.

	N	N+1	N+2	N+3
Rendement	3,16	2,98	2,85	2,98
Productivité apparente	1,41	1,37	1,29	1,21

Le rendement a fortement progressé au cours des 3 dernières années avec une sensible amélioration en N+3. Par contre, la productivité ne cesse de se réduire du fait de l'augmentation du coût des matières premières. L'entreprise ne trouve pas les gains de productivité qui compenseraient cette augmentation subie du coût des matières (matières de substitution, diminution des quantités utilisées, baisse des déchets, etc.)

4. En estimant que seules les consommations directes sont variables, déterminez le seuil de rentabilité pour l'année N+3.

Le montant des charges fixes est de 25 190 k€.

Si le taux de valeur ajoutée peut être considéré comme le taux de marge sur coût variable, alors :

$$25\,190 = \frac{24\,152}{57\,049}x.$$

Le seuil de rentabilité serait atteint avec un chiffre d'affaires de 59 501 k€, soit une augmentation de 4,3 % du chiffre d'affaires par rapport au chiffre d'affaires N+3.

5. Quel serait le moyen d'améliorer la situation de l'entreprise ?

À condition que le coût des matières premières progresse au même rythme que le chiffre d'affaires, soit 4,3 %, l'augmentation des volumes devrait suffire à retrouver le point mort.

Dans le cas contraire, l'entreprise devra trouver d'autres sources d'approvisionnement (politique achats), d'autres systèmes de production (produits de substitution) ou réduire ses charges de structure (réduction des frais généraux, externalisation, etc.).

APPLICATION 6 p. 120 Cas de synthèse

1. Présentez, à partir des documents de synthèse et des informations complémentaires pour les 2 années, les soldes intermédiaires de gestion PCG et pour l'année N, les SIG corrigés.

Soldes intermédiaires de gestion PCG			Soldes intermédiaires de gestion corrigés	
Éléments	**N–1**	**N**	**N**	**Éléments corrigés**
Production vendue	4 878 276	5 493 635	5 493 635	Production vendue
			345 845	+ Subventions d'exploitation
Production stockée				Production stockée
Production immobilisée				Production immobilisée
Production de l'exercice	**4 878 276**	**5 493 635**	**5 839 480**	**Production de l'exercice**
Consommations en prov. de tiers	3 864 419	4 437 441	4 437 441	Consommations en prov. de tiers
			60 000	– Redevance de crédit-bail
			320 000	– Personnel intérimaire
Valeur ajoutée	**1 013 857**	**1 056 194**	**1 782 039**	**Valeur ajoutée corrigée**
Subventions d'exploitation	169 754	345 845	0	Subventions d'exploitation
Impôts et taxes	42 523	58 528	58 528	Impôts et taxes
Charges de personnel	918 345	1 020 849	1 020 849	Charges de personnel
			320 000	+ Personnel intérimaire
EBE	**222 743**	**322 662**	**382 662**	**EBE corrigé**
Autres produits	19 841	6 052	6 052	Autres produits
Autres charges	24 269	104 326	104 326	Autres charges
Reprises d'exploitation	9 777	59 618	59 618	Reprises d'exploitation
Dotations d'exploitation	129 677	135 881	135 881	Dotations d'exploitation
			50 000	+ Amortissement du crédit-bail
Résultat d'exploitation	**98 416**	**148 127**	**158 127**	**Résultat d'exploitation corrigé**
Produits financiers	62 090	35 532	35 532	Produits financiers
Reprises financières			10 000	Reprises financières
Dotations financières				Dotations financières
Autres charges financières				Autres charges financières
Intérêts et charges assimilées				Intérêts et charges assimilées
				+ Intérêt sur crédit-bail
Résultat financier	**(62 090)**	**(35 532)**	**(45 532)**	**Résultat financier corrigé**
Résultat courant avant impôt	**36 325**	**112 594**	**112 594**	**Résultat courant avant impôt**
Produits exceptionnels	27 344			Produits exceptionnels
Charges exceptionnelles	23 609	32 596		Charges exceptionnelles
Résultat exceptionnel	**3 735**	**(32 596)**		**Résultat exceptionnel**
Participation des salariés				Participation des salariés
Impôt sur les bénéfices				Impôt sur les bénéfices
Résultat net	**40 061**	**79 998**		**Résultat net**

2. Effectuez la répartition de la valeur ajoutée entre les différents acteurs à partir des SIG corrigés de l'année N.

Acteurs	SIG retraités	
	Valeur	Taux (en %)
Valeur ajoutée produite	1 782 039	100,0
– Personnel	1 340 849	75,2
– État	58 528	3,3
– Prêteurs	45 532	2,6
– Entreprise	337 130	18,9

CHAPITRE

6

L'analyse de la structure financière

APPLICATION 1 p. 141 Vrai-Faux

Répondez par « Vrai » ou par « Faux » aux affirmations ci-dessous.

1. **L'intensité capitalistique forte constitue une barrière à l'entrée.**
   Vrai
2. **Dans les tableaux annexes de la liasse fiscale, il n'y a pas d'information sur l'année N–1.**
   Faux
3. **Un allongement du délai de stockage provoque une amélioration du BFRE.**
   Faux
4. **Les intérêts courus non échus ne concernent que le passif du bilan.**
   Faux
5. **Les concours bancaires courants sont de la trésorerie passive.**
   Vrai
6. **Dans un bilan fonctionnel, tous les amortissements et toutes les provisions pour dépréciation d'actif font partie des capitaux propres.**
   Vrai
7. **Les effets escomptés non échus sont des engagements hors bilan que l'on trouve dans l'annexe.**
   Vrai

8. Si l'activité génère une RFRE, il n'est pas nécessaire d'avoir un fonds de roulement positif.

Vrai

9. La vétusté se mesure en comparant les valeurs nettes et les valeurs brutes des immobilisations corporelles.

Vrai

10. Pour un bon équilibre financier, l'entreprise doit pouvoir rembourser ses dettes financières avec la CAF en moins de 2 ans.

Faux

11. Si les charges financières représentent moins du tiers du résultat d'exploitation, il n'y a pas de problème apparent pour rembourser les dettes.

Vrai

12. Les données du BFR issues du bilan ne sont pas des informations stabilisées.

Vrai

13. Un déficit de trésorerie doit correspondre à une phase creuse conjoncturelle du BFRE.

Vrai

14. Le crédit-bail doit être retraité en analyse financière comme si l'entreprise était propriétaire du bien.

Vrai

15. En général, sauf exception, les banques financent les entreprises au maximum à hauteur des capitaux propres.

Vrai

APPLICATION 2 p. 142 Équilibres essentiels

1. Calculez le fonds de roulement.

Capitaux stables = 1 000 + 100 + 500 = 1 600

Capitaux immobilisés = 100 + 700 = 800

Fonds de roulement = 1 600 – 800 = 800

2. Déterminez le BFRE, le BFRHE et le BFR.

BFRE = 250 + 350 + 400 + 50 – 300 = 750

BFRHE = – 100

BFR = 750 – 100 = 650

3. Retrouvez la trésorerie.

Trésorerie = 800 – 650 = 150

4. Présentez le bilan en grandes masses.

<table>
<tr><td>Actifs immobilisés
800 k€</td><td rowspan="3">Passif stable
1 600 k€</td></tr>
<tr><td>BFR
650 k€</td></tr>
<tr><td>Trésorerie
150 k€</td></tr>
</table>

APPLICATION 3 p. 142 Reclassements, retraitements

1. Faites tous les retraitements et reclassements utiles.

Créances clients et autres créances d'exploitation

Éléments	N	N–1
Créances clients et comptes rattachés (1)	34 000	30 000
+ Effets escomptés non échus	2 000	1 000
+ Charges constatées d'avance	1 000	0
Total	**37 000**	**31 000**

(1) En N–1, il convient de rajouter la provision de 1 000.

Créances hors exploitation

Éléments	N	N–1
Créances hors exploitation	2 000	1 000
+ Intérêts courus non échus	200	100
Total	**2 200**	**1 100**

Emprunts

Éléments	N	N–1
Emprunts auprès des établissements de crédit	22 000	18 000
– Intérêts courus non échus	3 000	1 000
– Concours bancaires courants	3 000	2 000
+ Crédit-bail	20 000	
Total	**36 000**	**15 000**

Prêts

Éléments	N	N–1
Prêts	1 400	1 200
– Intérêts courus non échus	200	100
Total	**1 200**	**1 100**

Capitaux propres

Éléments	N	N–1
Capitaux propres + Amortissements, provisions	59 000 32 000	53 000 27 000
Total	**91 000**	**80 000**

Dettes fournisseurs et autres dettes d'exploitation

Éléments	N	N–1
Dettes fournisseurs et comptes rattachés + Dettes fiscales et sociales	26 000 8 000	23 000 7 000
Total	**34 000**	**30 000**

Dettes hors exploitation

Éléments	N	N–1
Intérêts courus non échus sur dettes financières + Autres dettes diverses	3 000 4 000	1 000 3 000
Total	**7 000**	**4 000**

Trésorerie passive

Éléments	N	N–1
Concours bancaires courants	3 000	2 000
+ Effets escomptés non échus	2 000	1 000
Total	**5 000**	**3 000**

2. Établissez le bilan fonctionnel en grandes masses (actif immobilisé, ACE, ACHE, AT, capitaux propres, dettes financières, PCE, PCHE, PT).

	N	Calculs
Actifs immobilisés Actifs d'exploitation Actifs hors exploitation Actifs de trésorerie	114 800 55 000 2 200 1 000	 3 600 + 90 000 + 20 000 + 1 200 18 000 + 37 000
Total	**173 000**	
Capitaux propres Dettes financières stables Passif d'exploitation Passif hors exploitation Trésorerie passive	91 000 36 000 34 000 7 000 5 000	
Total	**173 000**	

3. Calculez le besoin en fonds de roulement d'exploitation et hors exploitation.

N			
ACE – PCE	55 000 34 000	ACHE – PCHE	2 200 7 000
= BFRE	21 000	= BFRHE	– 4 800

4. Mettez en évidence le fonds de roulement et la trésorerie.

	N
Capitaux propres avant répartition + Dettes financières stables – Immobilisations brutes	91 000 36 000 114 800
Fonds de roulement	**12 200**
– BFRE + RFRHE	– 21 000 + 4 800
Trésorerie (1)	**– 4 000**

(1) Trésorerie = 1 000 – 5 000 = – 4 000

APPLICATION 4 p. 144] Analyse de bilans successifs

1. Mesurez l'intensité capitalistique de l'entreprise sachant que la valeur nette représente en N 10 % des immobilisations.

L'intensité capitalistique est apparemment faible puisque les données sont exprimées en valeurs nettes. En valeur brute, les immobilisations corporelles seraient de : 5 488/0,10 = 54 880.

Le total de l'actif serait de :

54 880 + 6 660 + 11 752 + 11 678 = 84 970.

Intensité capitalistique = 54 880/84 970 x 100 = 64,6 %

2. Calculez le besoin en fonds de roulement d'exploitation et appréciez son évolution.

	N–3	N–2	N–1	N
Stocks + Créances – Dettes	9 888 11 320 6 518	10 065 11 114 7 431	9 268 10 396 6 834	11 752 11 678 9 204
= BFRE	14 690	13 748	12 830	14 226

Le BFRE a diminué pendant 2 années du fait d'une baisse des stocks et des créances clients. Il s'est fortement accru en N du fait d'une croissance générale des postes et en particulier des stocks. En N, le BFRE se retrouve au niveau de N-3.

3. Déterminez les capitaux investis et appréciez l'évolution de la structure financière.

Tout au long de la période étudiée, la trésorerie se dégrade du fait de l'accroissement des capitaux investis.

En N, l'entreprise ne mobilise pas suffisamment de capitaux stables pour financer le cycle d'investissement et le cycle d'exploitation, comme nous le montre le tableau suivant :

	N–3	N–2	N–1	N
Actifs immobilisés	7 928	8 419	11 000	12 148
+ BFR	5 650	7 009	6 602	7 878
= Capitaux investis	13 578	15 428	17 602	20 026
– Capitaux stables	17 219	17 442	19 568	18 951
= Trésorerie	3 641	2 014	1 966	– 1 075

Alors que les capitaux investis progressent fortement, les capitaux stables diminuent en N, d'où le recours aux concours bancaires courants.

APPLICATION 5 p. 144 Analyse sur deux exercices

1. Faites tous les retraitements et reclassements utiles.

Créances clients et autres créances d'exploitation

Éléments	N	N–1
Créances clients et comptes rattachés + Effets escomptés non échus + Charges constatées d'avance	1 375 252 250 000 2 562	1 042 989 150 000 36 472
Total	**1 627 814**	**1 229 461**

Emprunts

Éléments	N	N–1
Emprunts auprès des établissements de crédit – Intérêts courus non échus – Concours bancaires courants	313 044 – 464 – 267 580	138 314 –953 – 58 361
Total	**45 000**	**79 000**

Dettes fournisseurs et autres dettes d'exploitation

Éléments	N	N–1
Dettes fournisseurs et comptes rattachés + Dettes fiscales et sociales	1 091 684 226 266	1 239 792 187 683
Total	**1 317 950**	**1 427 475**

Dettes hors exploitation

Éléments	N	N–1
Intérêts courus non échus sur dettes financières + Autres dettes diverses	464 155 889	953 8 565
Total	**156 353**	**9 518**

Les retraitements et reclassements permettent de construire le bilan fonctionnel. Il apparaît clairement à la lecture de ce bilan que l'entreprise dispose d'une structure fortement capitalistique avec des immobilisations conséquentes financées par des capitaux stables, répondant ainsi à la logique d'une affectation des ressources stables à des emplois stables.

En ce qui concerne le bien financé par crédit-bail, la valeur d'origine fait partie intégrante des immobilisations. Comme l'entreprise l'a acquis en début d'exercice, l'amortissement (200 000/4) du bien correspond à l'amortissement de l'emprunt. Il convient alors de réduire l'emprunt de 50 000 et d'augmenter le financement interne du même montant.

2. Établissez le bilan fonctionnel en grandes masses (actif immobilisé, ACE, ACHE, AT, capitaux propres, dettes financières, PCE, PCHE, PT).

	N	N–1
Immobilisations incorporelles brutes	20 000	20 000
Immobilisations corporelles brutes	700 493	665 602
Immobilisations financières brutes	490	490
Immobilisations financées par crédit-bail	200 000	
Immobilisations brutes	**920 983**	**686 092**
Stocks	445 774	419 972
Créances clients et autres créances d'exploitation	1 627 814	1 229 461
Actif circulant d'exploitation	**2 073 588**	**1 649 433**
Créances diverses	82 613	3 063
Actif circulant hors exploitation	**82 613**	**3 063**
Disponibilités	19 480	23 440
Actif de trésorerie	**19 480**	**23 440**
Total Actif	**3 096 664**	**2 362 028**
Capitaux propres	299 998	260 061
Amortissements et provisions transférés (559 783 + 50 000)	609 783	377 613
Capitaux propres avant répartition	**909 781**	**637 674**
Emprunts	45 000	79 000
Financement de crédit-bail (200 000 – 50 000)	150 000	
Dettes financières stables	**195 000**	**79 000**
Dettes fournisseurs et autres dettes d'exploitation	1 317 947	1 427 475
Passif circulant d'exploitation	**1 317 950**	**1 427 475**
Dettes hors exploitation	156 353	9 518
Passif circulant hors exploitation	**156 353**	**9 518**
Concours bancaires courants	267 580	58 361
Effets escomptés non échus	250 000	150 000
Passif de trésorerie	**517 580**	**208 361**
Total Passif	**3 126 664**	**2 362 028**

3. Calculez le besoin en fonds de roulement d'exploitation et hors exploitation.

BFRE = (2 073 588 – 1 317 950) pour N et (1 649 433 – 1 427 475) pour N–1

BFRHE = (82 613 – 156 353) pour N et (3 063 – 9 518) pour N–1

	N	N–1
Besoin en fonds de roulement d'exploitation Ressource en fonds de roulement hors exploitation	755 638 – 73 740	221 958 – 6 455
Besoin en fonds de roulement global	**681 898**	**215 503**

4. Mettez en évidence le fonds de roulement.

	N	N–1
Capitaux propres avant répartition + Dettes financières stables – Immobilisations brutes	909 781 195 000 – 920 983	637 674 79 000 – 686 092
Fonds de roulement	**183 798**	**30 582**

Si le fonds de roulement est positif, il est très insuffisant pour couvrir le besoin en fonds de roulement global. L'entreprise est contrainte, comme pour l'exercice précédent, à avoir recours à des financements instables à court terme pour un montant très important.

	N	N–1
Actif de trésorerie Passif de trésorerie	19 480 517 580	23 440 208 361
Trésorerie = FR – BFR	**–498 100**	**–184 921**

5. Mesurez l'intensité capitalistique et la vétusté des installations industrielles.

Les actifs immobilisés représentent 27 % du total de l'actif, ce qui révèle une intensité capitalistique faible. Par contre, le crédit clients est particulièrement important puisqu'il mobilise des fonds qui représentent près du double des actifs immobilisés.

Nous sommes en présence d'une entreprise qui dépend fortement des forces du marché et en particulier du crédit clients.

Les équipements industriels sont « usés » à 58 %, ce qui ne veut rien dire en l'absence de données sectorielles. Compte tenu de la faiblesse des immobilisations dans l'exploitation, ce n'est pas obligatoirement la politique d'investissement qui conditionne la réussite économique de l'entreprise. Le taux de vétusté peut être considéré comme un indicateur mineur.

6. Appréciez le niveau d'endettement de la société.

Pour mesurer le niveau d'endettement, il faut prendre les données du bilan : le montant des emprunts (313 044) est légèrement supérieur au montant des capitaux propres (299 998). L'entreprise est dans une situation d'endettement maximal, ce qui signifie qu'elle n'a pas la possibilité de s'endetter davantage, à moins d'accroître le montant des capitaux propres.

APPLICATION 6 p. 147] Exploitation d'une liasse fiscale

1. Dressez les soldes intermédiaires de gestion PCG (N et N–1) et corrigés (N).

Soldes intermédiaires de gestion PCG			Soldes intermédiaires de gestion corrigés	
Éléments	**N–1**	**N**	**N**	**Éléments corrigés**
Ventes de marchandises Coût d'achat des marchandises	9 371 6 473	7 713 6 690	7 713 6 690	Ventes de marchandises Coût d'achat des marchandises
Marge commerciale	**2 898**	**1 023**	**1 023**	**Marge commerciale**
Production vendue Production stockée Production immobilisée	111 096 1 233 1 564	112 916 1 069 2 160	112 916 1 069 2 160	Production vendue Production stockée Production immobilisée
Production de l'exercice	**113 893**	**116 145**	**116 581**	**Production de l'exercice** + Subvention d'exploitation (436)
Consommations en prov. de tiers	66 294	67 588	61 620	Consommations en prov. de tiers – Redevance de crédit-bail (436) – Personnel intérimaire (5 532)
Valeur ajoutée	**50 497**	**49 580**	**55 984**	**Valeur ajoutée corrigée**
Subventions d'exploitation Impôts et taxes Charges de personnel	138 2 770 33 984	436 2 953 34 040	0 2 953 39 572	Subventions d'exploitation Impôts et taxes Charges de personnel + Personnel intérimaire (5 532)
EBE	**13 881**	**13 023**	**13 459**	**EBE corrigé**
Autres produits Autres charges Reprises d'exploitation Dotations d'exploitation	 21 322 9 797	 339 375 8 829	 339 375 9 179	Autres produits Autres charges Reprises d'exploitation Dotations d'exploitation + Amortissement du crédit-bail (350)
Résultat d'exploitation	**4 385**	**4 230**	**4 316**	**Résultat d'exploitation corrigé**
Produits financiers Reprises financières Dotations financières Autres charges financières Intérêts et charges assimilées	357 100 354 2 500	280 300 1 741	280 300 1 827	Produits financiers Reprises financières Dotations financières Autres charges financières Intérêts et charges assimilées + Intérêt sur crédit-bail (86)
Résultat financier	**(2 397)**	**(1 761)**	**(1 847)**	**Résultat financier corrigé**
Résultat courant avant impôt	**1 988**	**2 469**	**2 469**	**Résultat courant avant impôt**
Produits exceptionnels Charges exceptionnelles	676 515	841 455		Produits exceptionnels Charges exceptionnelles
Résultat exceptionnel	**161**	**386**		**Résultat exceptionnel**
Participation des salariés Impôt sur les bénéfices	202 700	205 859		Participation des salariés Impôt sur les bénéfices
Résultat net	**1 247**	**1 791**		**Résultat net**

Les retraitements de l'information financière permettent d'apprécier plus justement les performances de l'entreprise. À la lecture des soldes intermédiaires de gestion du PCG, on assistait à un effondrement de la valeur ajoutée. En fait, cette évolution est due à une externalisation du personnel et du mode de financement de l'entreprise. Ces corrections donnent une image plus économique des performances réalisées.

2. Faites tous les retraitements et reclassements utiles.

Stocks

Éléments	N	N–1
Stocks et encours + Provisions de N–1	12 202	11 082 78
Total	**12 202**	**11 160**

Créances clients et autres créances d'exploitation

Éléments	N	N–1
Créances clients et comptes rattachés	39 540	40 503
+ Provisions de N–1		472
+ Avances et acomptes versés sur commandes	294	1 215
+ Effets escomptés non échus (EENE)	1 550	1 380
+ Autres créances	1 529	634
+ Écarts de conversion actif sur créances clients	904	809
+ Charges constatées d'avance	228	235
Total	**44 045**	**45 248**

Emprunts

Éléments	N	N–1
Emprunts obligataires	567	1 008
Emprunts auprès des établissements de crédit	27 062	30 131
Emprunts et dettes financières diverses	279	144
– Intérêts courus non échus (ICNE)	33	63
– Concours bancaires courants	14 592	15 721
Total	**13 283**	**15 499**

Dettes fournisseurs et autres dettes d'exploitation

Éléments	N	N–1
Dettes fournisseurs et comptes rattachés	19 987	18 559
+ Avances et acomptes reçus sur commandes en cours	7 099	7 398
– Écarts de conversion actif sur dettes fournisseurs	285	350
+ Dettes fiscales et sociales	6 617	5 296
Total	**33 418**	**30 903**

Dettes hors exploitation

Éléments	N	N–1
État, impôt sur les bénéfices + Dettes sur immobilisation et comptes rattachés + Intérêts courus non échus sur dettes financières + Autres dettes diverses	188 2 731 33 1 069	88 1 526 63 528
Total	**4 021**	**2 205**

3. Établissez le bilan fonctionnel en grandes masses (actif immobilisé, ACE, ACHE, AT, capitaux propres, dettes financières, PCE, PCHE, PT).

	N	N–1
Immobilisations incorporelles brutes Immobilisations corporelles brutes Immobilisations financières brutes Immobilisations financées par crédit-bail	5 209 73 858 4 810 2 100	5 027 67 877 4 716
Immobilisations brutes	**85 977**	**77 620**
Stocks Créances clients et autres créances d'exploitation	12 202 44 045	11 160 45 248
Actif circulant d'exploitation	**56 247**	**56 408**
Créances diverses Valeurs mobilières de placement	2 686 0	1 114 0
Actif circulant hors exploitation	**2 686**	**1 114**
Disponibilités	174	64
Actif de trésorerie	**174**	**64**
Total Actif	**145 084**	**135 206**
Capitaux propres Amortissements et provisions transférés Provisions pour risques et charges	19 894 55 060 1 100	18 503 49 756 1 100
Capitaux propres avant répartition	**76 054**	**69 359**
Emprunts Avances conditionnées Financement de crédit-bail (2 100 – 350)	13 283 416 1 750	15 499 139
Dettes financières stables	**15 449**	**15 638**
Dettes fournisseurs et autres dettes d'exploitation	33 418	30 903
Passif circulant d'exploitation	**33 418**	**30 903**
Dettes hors exploitation	4 021	2 205
Passif circulant hors exploitation	**4 021**	**2 205**
Concours bancaires courants Effets escomptés non échus (EENE)	14 592 1 550	15 721 1 380
Passif de trésorerie	**16 142**	**17 101**
Total Passif	**145 084**	**135 206**

Il apparaît clairement à la lecture de ce bilan que l'entreprise dispose d'une structure fortement capitalistique avec des immobilisations conséquentes financées par des capitaux stables, répondant ainsi à la logique d'une affectation des ressources stables à des emplois stables.

En ce qui concerne le bien financé par crédit-bail, la valeur d'origine fait partie intégrante des immobilisations. Si l'entreprise avait financé par emprunt ce bien, l'amortissement (2 100/6) correspondrait à l'amortissement de l'emprunt. Il convient donc de réduire l'emprunt de 350 et d'augmenter le financement interne de 350.

4. Calculez le besoin en fonds de roulement d'exploitation et hors exploitation.

BFRE = (56 247 – 33 418) pour N et (56 408 – 30 903) pour N–1

BFRHE = (2 686 – 4 021) pour N et (1 114 – 2 205) pour N–1

	N	N–1
Besoin en fonds de roulement d'exploitation Besoin en fonds de roulement hors exploitation	22 829 –1 335	25 505 –1 091
Besoin en fonds de roulement global	**21 494**	**24 414**

5. Mettez en évidence le fonds de roulement.

	N	N–1
Capitaux propres avant répartition Dettes financières stables Immobilisations brutes	76 054 15 449 85 977	69 359 15 638 77 620
Fonds de roulement	**5 526**	**7 377**

Le fonds de roulement est insuffisant pour couvrir le besoin en fonds de roulement global. L'entreprise est contrainte d'avoir recours à des financements instables à court terme.

	N	N–1
Actif de trésorerie Passif de trésorerie	174 16 142	64 17 101
Trésorerie = FR – BFR	**– 15 968**	**– 17 037**

6. Appréciez le niveau d'endettement de la société.

L'étude de la structure financière de l'entreprise révèle un endettement important (27 062 k€) en regard de 20 310 k€ de capitaux propres. De plus, l'entreprise utilise des financements court terme (CBC) coûteux et instables.

Comme la structure de financement était assez proche à la période précédente, deux interrogations se posent :

- l'entreprise considère-t-elle les CBC comme des financements structurels ? Auquel cas, ce serait une option risquée et fragile ;
- la date retenue pour arrêter les comptes donne-t-elle une image fidèle de l'entreprise ? Dans le cas contraire, il faudrait déterminer une structure financière correspondant à l'activité normale de l'entreprise.

La réponse à ces deux questions nécessiterait un entretien avec la direction.

CHAPITRE

7

L'analyse de la rentabilité

APPLICATION 1 p. 174 Vrai-Faux

Répondez par « Vrai » ou par « Faux » aux affirmations ci-dessous.

1. **La rentabilité et la profitabilité sont deux synonymes.**
   Faux

2. **La rentabilité économique peut être améliorée en agissant sur le taux de profitabilité et sur la rotation des actifs.**
   Vrai

3. **Le risque d'exploitation dépend de la capacité de l'entreprise à absorber les charges de structure.**
   Vrai

4. **Les politiques d'externalisation ont pour objectif principal de transformer des charges variables en charges fixes.**
   Faux

5. **Être efficace, c'est atteindre un objectif ; être efficient, c'est l'atteindre en économisant les moyens.**
   Vrai

6. **La stratégie organisationnelle peut conduire à réduire les capitaux économiques.**
   Vrai

7. **L'amélioration de la rentabilité financière peut se faire par un recours plus important à l'endettement.**
Vrai

8. **Lorsque l'entreprise n'a aucun endettement, la rentabilité financière est égale à la rentabilité économique.**
Vrai

9. **Un effet de levier financier négatif s'appelle un effet de massue.**
Vrai

10. **Augmenter les produits ou réduire les charges conduit au même résultat ; dans un cas on est dans une politique de croissance, dans l'autre dans une politique de rigueur.**
Vrai

11. **Plus l'entreprise est capitalistique, plus elle est vulnérable à une variation de l'activité.**
Vrai

12. **L'élasticité mesure l'impact d'une variation de l'activité sur le niveau de profitabilité.**
Vrai

13. **En l'absence de politique d'innovation, il sera très difficile à l'entreprise de pratiquer des hausses de prix.**
Vrai

14. **La saturation de l'outil de production est plus fréquente dans l'industrie que dans les services.**
Vrai

15. **L'un des risques de l'externalisation est la perte de compétences.**
Vrai

APPLICATION 2 p. 174 Hypothèses de rentabilité économique

Dans les trois hypothèses, trouvez le résultat d'exploitation qui correspondrait à une rentabilité financière de 1 %, 5 % et 9 %.

Rf = 1 %

Première hypothèse

Comme il n'y a pas d'endettement, le taux de rentabilité économique est équivalent au taux de rentabilité financière.

Deuxième hypothèse

Avec un taux de rentabilité de 1 %, application à la formule de l'effet de levier :

$$0{,}01 = x + (x - 0{,}06) \times \frac{400}{600}, \text{ d'où } x = 0{,}03.$$

Troisième hypothèse

Avec un taux de rentabilité de 1 %, application à la formule de l'effet de levier :

$$0{,}01 = x + (x - 0{,}06) \times \frac{800}{200}, \text{ d'où } x = 0{,}05.$$

Tableau récapitulatif avec un taux de rentabilité financière de 1 % :

	Hypothèse 1	Hypothèse 2	Hypothèse 3
Re	1 %	3 %	5 %
i	–	6 %	6 %
Rf	1 %	1 %	1 %

Rf = 5 %

Première hypothèse

Comme il n'y a pas d'endettement, le taux de rentabilité financière est équivalent au taux de rentabilité économique.

Deuxième hypothèse

Avec un taux de rentabilité de 5 %, application à la formule de l'effet de levier :

$$0{,}05 = x + (x - 0{,}06) \times \frac{400}{600}, \text{ d'où } x = 0{,}054.$$

Troisième hypothèse

Avec un taux de rentabilité de 5 %, application à la formule de l'effet de levier :

$$0{,}05 = x + (x - 0{,}06) \times \frac{800}{200}, \text{ d'où } x = 0{,}058.$$

Tableau récapitulatif avec un taux de rentabilité financière de 5 % :

	Hypothèse 1	Hypothèse 2	Hypothèse 3
Re	5 %	5,4 %	5,8 %
i	–	6 %	6 %
Rf	5 %	5 %	5 %

Rf = 9 %

Première hypothèse

Comme il n'y a pas d'endettement, le taux de rentabilité financière est équivalent au taux de rentabilité économique.

Deuxième hypothèse

Avec un taux de rentabilité de 9 %, application à la formule de l'effet de levier :

$$0{,}09 = x + (x - 0{,}06) \times \frac{400}{600}, \text{ d'où } x = 0{,}078.$$

Troisième hypothèse

Avec un taux de rentabilité de 9 %, application à la formule de l'effet de levier :

$$0{,}09 = x + (x - 0{,}06) \times \frac{800}{200}, \text{ d'où } x = 0{,}066.$$

Tableau récapitulatif avec un taux de rentabilité financière de 9 % :

	Hypothèse 1	Hypothèse 2	Hypothèse 3
Re	1 %	7,8 %	6,6 %
i	–	6 %	6 %
Rf	1 %	9 %	9 %

APPLICATION 3 p. 175 Coefficient d'élasticité et indice de sécurité

1. Quel est le montant de la perte maximale dans les deux hypothèses ?

La perte maximale est le montant des charges fixes, soit 800 k€ dans la première hypothèse et 200 k€ dans la seconde hypothèse.

2. Déterminez le seuil de rentabilité et l'indice de sécurité.

Première hypothèse

Seuil de rentabilité : 800 = 0,9x, d'où x = 889 k€ ; indice de sécurité :

$$Is = \frac{1\,200 - 889}{1\,200} = 0{,}259.$$

Deuxième hypothèse

Seuil de rentabilité : 200 = 0,2x, d'où x = 1 000 k€ ; indice de sécurité :

$$Is = \frac{1\,200 - 1\,000}{1\,200} = 0{,}200.$$

Le risque est plus important dans la première hypothèse.

3. Calculez le chiffre d'affaires qu'il faudrait réaliser pour obtenir un bénéfice de 100 k€.

Première hypothèse

Il faudra couvrir les charges fixes + le résultat recherché, soit 800 + 100 = 900 k€.

Chiffre d'affaires à réaliser : 900 = 0,9x, d'où x = 1 000 k€.

Deuxième hypothèse

Charges fixes + résultat : 200 + 100 = 300 k€

Chiffre d'affaires à réaliser : 300 = 0,2x, d'où x = 1 500 k€

Le bénéfice est plus rapidement atteint dans la première hypothèse.

4. Déduisez-en le coefficient d'élasticité.

Première hypothèse

$e = \frac{100 - 0}{1\,000 - 889} = 0{,}90$; ce qui signifie qu'une augmentation de 10 % du chiffre d'affaires provoquera une augmentation de 9 % du résultat.

Deuxième hypothèse

$e = \frac{100 - 0}{1\,500 - 1\,000} = 0{,}20$; ce qui signifie qu'une augmentation de 10 % du chiffre d'affaires provoquera une augmentation de 2 % du résultat.

APPLICATION 4 p. 175 Rentabilité économique et rentabilité financière

1. Calculez le résultat d'exploitation prévisionnel.

Chiffre d'affaires	1 500 000
Marge sur coût variable (40 %)	600 000
Charges fixes	510 000
Résultat d'exploitation	90 000

2. Déterminez les capitaux investis et le taux de rentabilité économique.

Capitaux investis : AI + BFRE = 400 000 + (96/360 × 1 500 000) = 800 000

$r_e = \frac{90\,000}{800\,000} = 0{,}1125 \times (1 - 0{,}3333) = 0{,}075$, soit 7,5 % nets d'impôts.

3. Mettez en évidence l'effet de levier avec un taux d'endettement de 50 %.

Sans endettement, la rentabilité financière est équivalente à la rentabilité économique.

Avec un endettement à 50 % :

$$r_f = \left[0{,}1125 \times (0{,}1125 - 0{,}06) \times \frac{50}{50}\right](1 - 0{,}3333) = 0{,}11,$$

soit 11 % nets d'impôts.

4. Déterminez la rentabilité financière nette d'impôts avec une baisse du chiffre d'affaires de 10 %.

Chiffre d'affaires prévisionnel : 1 500 000 × 0,9 = 1 350 000.

Résultat d'exploitation : (1 350 000 × 0,4) – 510 000 = 30 000, d'où

r_e = 0,0375 × 2/3 = 0,025, soit 2,5 % nets d'impôts, ce qui correspondrait à la rentabilité financière sans endettement.

$$r_f = \left[0{,}1125 \times (0{,}1125 - 0{,}06) \times \frac{50}{50}\right](1 - 0{,}3333) = 0{,}11,$$

soit 1 % net d'impôts.

APPLICATION 5 p. 175 Leviers opérationnel et financier

1. Déterminez le seuil de rentabilité.

Charges fixes = 2 762 + 2 253 = 5 015 k€

Seuil de rentabilité = $5\,015 = \frac{10\,697}{48\,669}x$, d'où un chiffre d'affaires de 22 817 k€.

2. Présentez les capitaux investis de deux façons.

AI + BFR = (13 810 + 23 015) + (6 096 + 13 388 – 14 177 – 4 490) = 37 642

CP + DFS = (21 214 + 1 992) + 14 436 = 37 642

3. Calculez le taux de rentabilité économique, le taux d'intérêt et la rentabilité financière avant et après impôts.

$$r_e = \frac{5\,682}{37\,642} = 0{,}151,$$ soit 15,1 % avant IS et 10,07 % après.

$$i = \frac{1\,731}{14\,436} = 0{,}12,$$ soit 12 % avant IS et 9 % après.

$$r_f = 0{,}151 + (0{,}151 - 0{,}12) \times \frac{23\,206}{14\,436} = 0{,}20,$$ soit 20 % avant IS et 13,39 % après.

4. Si l'entreprise décide d'externaliser le gardiennage, les coûts fixes diminueront de 1 000 k€ mais les charges variables augmenteront de 1 500 k€. Qu'en pensez-vous ?

Dans la situation d'origine, le taux de marge est de 21,98 % et le seuil de rentabilité est de 22 816 k€.

Avec une externalisation, les charges fixes passent de 5 015 à 4 015 k€ mais le taux de marge sur coût variable est modifié.

Marge sur coût variable = 10 697 – 1 500 = 9 197 k€

Le taux de marge est alors de 18,89 % et le seuil de rentabilité de 21 243 k€.

Avec un coût plus élevé qui aura une incidence de 500 k€ sur la profitabilité, l'entreprise a réduit le risque puisque le seuil de rentabilité peut être atteint plus tôt.

APPLICATION 6 p. 176 Comptes prévisionnels et risques

1. Présentez le compte de résultat prévisionnel avant IS, relatif à la nouvelle production, pour la première année de développement dans l'hypothèse où le projet serait autofinancé.

Montant des amortissements : (18 000/10) + (16 000/4) = 5 800 k€

Charges fixes : 5 800 + 13 000 + 4 700 + 6 000 = 29 500 k€

	N	N+1	N+2	N+3
Chiffre d'affaires	40 000	50 000	70 000	100 000
Marge sur coût variable	20 000	25 000	35 000	50 000
Charges fixes	29 500	29 500	29 500	29 500
Résultat d'exploitation	– 9 500	– 4 500	5 500	20 500

2. Calculez le résultat dans l'hypothèse où la société emprunterait 50 % du capital nécessaire à la réalisation des investissements envisagés (uniquement pour la première année). L'emprunt contracté à un taux de 6 % serait remboursé en 5 fractions égales à partir de fin N.

Capital investi : 18 000 + 16 000 = 34 000 dont 17 000 k€ empruntés

Intérêts N : 17 000 × 0,06 = 1 020 k€

Intérêts N+1 : 17 000 × 3/4 × 0,06 = 765 k€

	N	N+1	N+2	N+3
Résultat d'exploitation	– 9 500	– 4 500	5 500	20 500
Intérêts	– 1 020	–765	– 510	– 382
Résultat financier	– 10 520	– 5 265	4 990	20 118

3. Calculez le taux de retour sur capitaux investis et la rentabilité financière correspondante.

Profitabilité cumulée sur 4 ans : 12 000 k€

$\boldsymbol{r}_{\mathbf{e}} = \frac{12\,000}{37\,000} = 0{,}324$ pour 4 années, soit une rentabilité économique moyenne de 8,1 %.

Intérêts cumulés sur 4 ans : 2 677 k€, mais comme le capital emprunté se réduit tous les ans, le taux d'intérêt demeure à 6 %.

L'effet de levier est positif puisque le taux de rentabilité économique est supérieur au taux d'intérêt.

4. Quelles sont les limites au raisonnement ?

Avec les deux premières années déficitaires et une très bonne année N+3, les banques risquent de courir un risque important qu'elles feront supporter à l'entreprise avec une prime de risque.

De plus, il n'est pas tenu compte de l'actualisation qui pourrait également modifier le raisonnement.

CHAPITRE

8

L'analyse statique : les ratios

APPLICATION 1 p. 201 Vrai-Faux

Répondez par « Vrai » ou par « Faux » aux affirmations ci-dessous.

1. **Wall Street est le nom donné à une rue en hommage à l'inventeur des ratios.**
   Vrai
2. **Les ratios perdent de leur sens s'ils ne sont pas comparés dans le temps et dans l'espace.**
   Vrai
3. **Le code NAF permet de classer les entreprises par secteurs d'activité et d'élaborer des ratios sectoriels.**
   Vrai
4. **Un taux d'usure fort suppose une politique d'investissement forte à court terme.**
   Vrai
5. **Une entreprise qui investit le montant de la dotation aux amortissements ne réalise que les investissements de remplacement.**
   Vrai
6. **La croissance externe se mesure par les achats de biens et de services externes.**
   Vrai
7. **Une politique généreuse de dividendes diminue les capacités réelles de financement de l'entreprise.**
   Vrai
8. **Une entreprise qui dégage des pertes et qui distribue des dividendes, diminue ses réserves.**
   Vrai

9. **Un coût réel d'intérêt supérieur au taux de marché suppose que les emprunts inscrits au passif du bilan sont inférieurs aux montants réellement empruntés tout au long de l'année.**
Vrai
10. **La durée de stockage des matières dépend souvent des difficultés d'approvisionnement.**
Vrai
11. **La durée du crédit clients dépend de la volonté du comptable.**
Faux
12. **Pour améliorer la performance, les augmentations de salaires doivent être inférieures aux gains de productivité.**
Vrai
13. **En cas de baisse du taux de marge, il faut compenser par une augmentation de la rotation de l'actif.**
Vrai
14. **La fonction score de la Centrale de Bilans est construite à partir d'une analyse discriminante.**
Vrai
15. **Le Cetelem, organisme de crédit pour les particuliers, utilise une fonction score pour évaluer le risque dans la procédure d'attribution des crédits à la consommation des ménages.**
Vrai

APPLICATION 2 p. 202 Ratios de Dupont de Nemours

1. **Déterminez les éléments nécessaires à la formulation de Dupont de Nemours.**

Rappel de la formule :

$$\underbrace{\frac{\text{Résultat net}}{\text{Capitaux propres}}}_{\text{Rentabilité des capitaux propres}} = \underbrace{\frac{\text{Résultat net}}{\text{CA hors taxes}}}_{\text{Taux de marge}} \times \underbrace{\frac{\text{CA hors taxes}}{\text{Actif économique}}}_{\text{Rotation de l'actif}} \times \underbrace{\frac{\text{Actif économique}}{\text{Capitaux propres}}}_{\text{Financement propre de l'actif}}$$

Bilan financier en grandes masses :

	N	N – 1
Capitaux propres	16 600	14 000
+ Dettes financières stables	8 600	7 200
= Capitaux investis	25 200	21 200
Actifs immobilisés + BFR(1)	16 800 8 400	14 200 7 000
= Capitaux investis	25 200	21 200

(1) dont actif de trésorerie

2. Appliquez la formule en N et N – 1.

Année N – 1 :

$$\frac{600}{14\,000} = \frac{14\,000}{100\,000} \times \frac{100\,000}{21\,200} \times \frac{21\,200}{14\,000} = 0{,}043 = 0{,}14 \times 4{,}717 \times 1{,}51$$

Année N – 1 :

$$\frac{1\,100}{16\,600} = \frac{16\,600}{110\,000} \times \frac{110\,000}{25\,200} \times \frac{25\,200}{16\,600} = 0{,}066 = 0{,}15 \times 4{,}365 \times 1{,}52$$

3. Commentez.

L'amélioration de la performance provient d'un meilleur taux de marge (6,6 % contre 4,4 % en N – 1) et d'une meilleure rotation des capitaux investis (4,7 fois contre 4,3 fois en N – 1), le levier financier étant stable à 1,5.

APPLICATION 3 p. 202 Étude des ratios d'une entreprise industrielle

1. Présentez les soldes intermédiaires de gestion et la CAF par les deux méthodes.

Production vendue	19 680	18 117
Production stockée	593	–28
Production de l'exercice	**20 273**	**18 089**
Achats de matières premières	4 379	4 005
Variation de stocks	–158	33
Autres charges externes	3 871	2 779
Valeur ajoutée	**12 181**	**11 272**
Impôts et taxes	624	522
Salaires et traitements	6 150	5 655
Charges sociales	2 735	2 489
EBE	**2 672**	**2 606**
Autres produits	125	176
Dotations aux amortissements, exploitation	1 533	1 330
Dotations aux provisions, exploitation		
Résultat d'exploitation	**1 264**	**1 452**
Produits financiers de placements	62	79
Charges d'intérêts	441	401
Résultat financier	**–379**	**–322**
Résultat courant	**885**	**1 130**
Produits exceptionnels	550	36
Charges exceptionnelles	355	56
Résultat exceptionnel	**195**	**–20**
Impôts sur les bénéfices	360	370
Résultat net	**720**	**740**

Résultat net	**720**	**740**
Reprises sur provisions, exploitation		
Dotations aux amortissements, exploitation	1 533	1 330
Charges exceptionnelles	355	56
Produits exceptionnels	–550	– 36
CAF	**2 058**	**2 090**

EBE	**2 672**	**2 606**
Autres produits	125	176
Produits financiers de placements	62	79
Charges d'intérêts	– 441	– 401
Produits exceptionnels		
Charges exceptionnelles		
Impôts sur les bénéfices	–360	–370
CAF	**2 058**	**2 090**

2. Déterminez les éléments du bilan indispensables au calcul des ratios.

Stocks	2 285	1 434
Clients	2 620	2 023
Fournisseurs	1 170	850
Amortissements	4 580	4 330
Immobilisations corporelles	17 022	14 940
Emprunts	5 417	5 191
Fonds propres	10 080	8 015

3. Calculez les ratios suivants :

Croissance du chiffre d'affaires	8,6 %	ns
Délai de stockage	188 J	129 J
Délai de crédit clients	40 J	34 J
Délai de crédit fournisseurs	80 J	64 J
Création de valeur qui revient au personnel	72,9 %	72,2 %
Indicateur d'endettement (< 3 %)	2,2 %	2,2 %
Rendement du personnel	2,2	2,2
Productivité apparente du facteur travail	1,4	1,4
Indicateur d'usure de l'outil de production	26,9 %	29,0 %
Taux d'endettement	53,7 %	64,8 %

4. Identifiez cinq forces et cinq faiblesses.

Forces :
- augmentation de l'activité ;
- maintien du niveau bénéficiaire ;
- amélioration du délai fournisseurs ;
- diminution de l'endettement ;
- équipements assez récents.

Faiblesses :
- endettement limite ;
- délai de stockage très important qui s'est aggravé ;
- dégradation du crédit clients ;
- non-amélioration de la productivité et du rendement ;
- légère dégradation de la valeur ajoutée et part importante de cette dernière consacrée au personnel.

APPLICATION 4 p. 203 Étude des ratios d'une entreprise commerciale

1. Présentez les soldes intermédiaires de gestion et la CAF par les deux méthodes.

Ventes de marchandises	136 889	133 009
Achats de marchandises	108 918	99 014
Variation de stocks de matières premières	– 4 741	1 344
Marge commerciale	32 712	32 651
Autres charges externes	7 386	6 811
Valeur ajoutée	**25 326**	**25 840**
Impôts et taxes	1 284	1 156
Salaires et traitements	12 127	11 915
Charges sociales	5 061	4 996
EBE	**6 854**	**7 773**
Reprises sur provisions, exploitation	1 016	267
Dotations aux amortissements, exploitation	873	787
Dotations aux provisions, exploitation	1 424	867
Résultat d'exploitation	**5 573**	**6 386**
Produits financiers de placements	68	66
Charges d'intérêts	4 194	3 129
Résultat financier	**–4 126**	**–3 063**
Résultat courant	**1 447**	**3 323**
Produits exceptionnels	623	546
Charges exceptionnelles	1 670	2 455
Résultat exceptionnel	**–1 047**	**–1 909**
Impôts sur les bénéfices	103	471
Résultat net	**297**	**943**

Résultat net	**297**	**943**
Reprises sur provisions, exploitation	1 016	267
Dotations aux amortissements, exploitation	873	787
Dotations aux provisions, exploitation	1 424	867
CAF	**1 578**	**2 330**
EBE	**6 854**	**7 773**
Produits financiers de placements	68	66
Charges d'intérêts	4 194	3 129
Produits exceptionnels	623	546
Charges exceptionnelles	1 670	2 455
Impôts sur les bénéfices	103	471
CAF	**1 578**	**2 330**

2. Déterminez les éléments du bilan indispensables au calcul des ratios.

Stocks	25 005	20 408
Clients	25 732	20 361
Fournisseurs	40 400	33 144
Amortissements	4 285	3 442
Immobilisations corporelles	6 213	6 767
Emprunts	7 011	4 017
Fonds propres	10 202	9 377

3. Calculez les ratios suivants :

Croissance du chiffre d'affaires	2,9 %	NS[1]
Délai de stockage	83 J	74 J
Délai de crédit clients	68 J	55 J
Délai de crédit fournisseurs	134 J	121 J
Création de valeur qui revient au personnel	67,9 %	65,4 %
Indicateur d'endettement (< 3 %)	3,1 %	2,4 %
Rendement du personnel	8,0	7,9
Productivité apparente du facteur travail	1,5	1,5
Indicateur d'usure de l'outil de production	69,0 %	50,9 %
Taux d'endettement	68,7 %	42,8 %

(1) NS : non significatif

4. Identifiez cinq forces et cinq faiblesses.

Forces :

- augmentation de l'activité (chiffre d'affaires et marge) mais stagnation de la valeur ajoutée ;
- augmentation du rendement du personnel ;
- maintien de la productivité ;
- délai de crédit fournisseurs supérieur au délai de stockage ;
- délai de crédit fournisseurs supérieur au délai de crédit clients.

Faiblesses :

- baisse de la profitabilité (EBE, résultat d'exploitation, résultat net, CAF) ;
- aggravation de l'endettement (importance des charges d'intérêt et ratio d'autonomie) ;
- outil de production usé à plus de deux tiers ;
- aggravation des stocks (variation de stocks négative) : le marché n'en veut pas ;
- part de la valeur ajoutée qui revient au personnel en augmentation, ce qui limite les possibilités de croissance.

APPLICATION 5 p. 205 Normes sectorielles

1. Pourquoi préférer la médiane et les quartiles plutôt que la moyenne ?

La moyenne est un instrument dangereux en statistique puisqu'elle ne tient pas compte de la distribution des données.

2. Donnez un nom à chaque ratio.

Voir la première colone du tableau de la réponse à la question 3.

3. Calculez le ratio demandé tel qu'il est proposé dans la colonne de gauche. Arrondissez à l'entier le plus proche pour les deux années.

Ratios		Société		Références sectorielles		
		N	N+1	1er Q	Médiane	3e Q
Activité - BFR						
Croissance du chiffre d'affaires (en %)	☹	–1,7	1,3	–2 %	0,4 %	1,9 %
Délai de stockage des matières premières	☹	77 j	72 j	85 j	70 j	66 j
Délai de stockage des produits finis	☹	47 j	37 j	55 j	40 j	35 j
Durée de crédit clients	😐	62 j	54 j	92 j	61 j	53 j
Durée de crédit fournisseurs	☺	146 j	135 j	78 j	122 j	144 j
Intégration - Répartition de la valeur ajoutée						
Taux d'intégration	😐	37,1	41,2	39 %	44 %	55 %
Importance des charges de personnel dans la valeur ajoutée	😐	88,9	77,4	91 %	88 %	75 %
Importance des charges financières dans la valeur ajoutée	☺	0,7	0,6	2,3 %	1,9 %	1,2 %
Rendement, productivité						
Rendement du personnel	😐	3,0	3,1	2,9	3,3	3,6
Productivité du personnel	😐	1,1	1,3	0,9	1,3	1,7
Profitabilité						
Taux d'EBE	☹	– 0,2	5,6	2,8 %	5,6 %	7,3 %
Taux de rentabilité des capitaux investis	☹	–3,8	5,7	2,4	5,9	6,9
Charges financières et financement						
Importance de l'endettement	☺	0,3	0,3	2,8 %	1,1 %	0,2 %
Coût de l'endettement	😐	5,2	8,1	8,3 %	5,8 %	3,9 %
Structure						
Importance des fonds propres	☹	46,6	52,7	44 %	55 %	64 %
Endettement	☺	0,2	0,1	1,3	0,8	0,5
Taux de vétusté	☹	84,9	82,4	81 %	68 %	45 %

4. Comment se situe l'entreprise ? Rédigez un commentaire d'une dizaine de lignes.

Dans le temps, la situation de l'entreprise ne s'améliore pas puisqu'il y a une réduction de l'activité accompagnée d'une diminution de la profitabilité, qui passe au rouge avec une perte d'exploitation importante.

Le rendement du personnel, comme la productivité, est comparable à ce qui se pratique dans le secteur. Cette entreprise manque dramatiquement de volumes, ce qui explique sa perte de profitabilité.

C'est une entreprise peu endettée, dotée d'un outil de production vétuste. Compte tenu de ses difficultés, la durée de stockage s'est allongée ainsi que la durée de crédit clients (argument de vente). La durée de crédit fournisseurs s'est également allongée : difficultés à payer ?

En conclusion, cette entreprise, située dans un secteur économique difficile, a des performances qui se détériorent dans le temps et dans l'espace.

APPLICATION 6 p. 207 Cas de synthèse

1. **À partir des documents de synthèse et des informations complémentaires, présentez :**
   – les soldes intermédiaires de gestion et la CAF corrigés ;
   – le bilan fonctionnel nécessaire au calcul des ratios ;
   – les ratios de gestion à long terme ;
   – les ratios de gestion opérationnelle.

2. **Rédigez un commentaire d'une quinzaine de lignes sur la situation de l'entreprise.**

Les soldes intermédiaires de gestion et la CAF corrigés

Comme ce sont des retraitements classiques, nous indiquons ici les seuls comptes utiles pour le reste de l'analyse :

Comptes	N	N – 1	
Production vendue Production stockée	66 850 8 350	70 500 1 250	
Production de l'exercice	**75 200**	**71 750**	
Achats de matières premières et approvisionnements Variation de stocks Autres achats et charges externes	22 300 (1 490) 1 485	20 800 350 1 900	 – 615 – 2 100
Valeur ajoutée retraitée	**52 905**	**48 700**	
Subventions d'exploitation Impôts et taxes Charges de personnel	 1 120 43 225	 1 500 38 100	 + 615 – 270
EBE retraité	**8 560**	**9 100**	
RAP et transferts de charges Dotations aux amortissements	1 500 8 030	750 2 700	– 270 + 1 400
Résultat d'exploitation retraité	**2 490**	**6 610**	
Intérêts et charges assimilées	6 900	3 200	+ 7 00
Résultat courant avant impôt retraité	**(9 690)**	**3 700**	
Résultat net	**(9 160)**	**4 310**	
+ Dotations aux amortissements et aux provisions – Reprises sur amortissements et provisions – Produits des cessions d'éléments d'actif + VAN des éléments d'actif cédés	15 800 4 390 2 200 1 220	6 740 2 360 720 50	8 030 + 4 920 + 2 310 + 540 1 500 + 2 750 + 140
CAF corrigée	**1 270**	**8 020**	

Le bilan fonctionnel nécessaire au calcul des ratios

	N	N-1	
Immobilisations incorporelles brutes	1 480	2 350	(200 + 1280)//(1030 + 1320)
Immobilisations corporelles brutes	53 210	52 040	
Immobilisations financières brutes	1 300	5 050	
Immobilisations financées par crédit bail	7 000		
Immobilisations brutes	**62 990**	**59 440**	(55790 + 200 + 7000)//(58120 + 1320)
Stocks	19 110	9 260	//8210 + 1050
Clients et comptes rattachés	26 580	10 200	//9500 + 700
Charges constatées d'avance	80	60	
Effets escomptés non échus (EENE)	870	1 500	
Ecarts de conversion actif		700	
Actif circulant d'exploitation	**46 640**	**21 720**	45770 + 870//17770 + 1500 + 700 + 700 + 1050
Autres créances	850	680	
Capital souscrit, appelé, non versé		2 000	
Actif circulant hors exploitation	**850**	**2 680**	
Valeurs mobilières de placement	80	3 800	//3750 + 50
Disponibilités	250	840	
Actif de trésorerie	**330**	**4 640**	
Total Actif	**110 810**	**88 480**	
Capital	20 000	17 500	20 000 – 2 500
Réserves	16 370	16 060	
Résultat net	(9 160)	4 310	
Amortissements transférés	20 000	10 440	18 600 + 1 400//8 640 + 1 800
Provisions pour risques et charges	3 440	3 640	
Capitaux propres avant répartition	**50 650**	**51 950**	27 460 + 18 600 + 1 400 + 3 190 //40 690 + 3 320 + 8 640 + 1 800 – 2 500
Emprunts	43 350	29 556	40 000 – 1 800 + 8 990 – 2 300 – 1540
Financement de crédit bail	5 600		//31 720 – 1 347 – 8 177 000 – 1 400
Dettes financières stables	**48 950**	**29 556**	
Dettes fournisseurs et comptes rattachés	6 905	2 610	5 900 + 250 + 755//1 300 + 300 + 1 010
Ecart conversion passif		150	
Ecart conversion actif	– 600		
Produits constatés d'avance	40	50	
Passif circulant d'exploitation	**6 345**	2 810	
Intérêts courus non échus	1 540	817	
Dettes d'IS	85	470	
Autres dettes	70	30	
Passif circulant hors exploitation	**1 695**	1 317	
Concours bancaires courants	2 300	1 347	
Effets escomptés non échus	870	1 500	
Passif de trésorerie	**3 170**	**2 847**	
Total Passif	**110 810**	**88 480**	

Nous pouvons présenter le bilan financier de la façon suivante :

Actif	N	N–1	Passif	N	N–1
Actifs immobilisés	62 990	59 440	Capitaux propres	50 650	51 950
BFR	39 450	20 273	Dettes financières stables	48 950	29 556
Actifs de trésorerie		1 793	Dettes de trésorerie	2 840	
Capitaux économiques	102 440	81 506	Capitaux financiers	102 440	81 506

Les ratios de gestion à long terme et les commentaires associés

Les immobilisations

Ratios	N	N–1	Calculs
Intensité capitalistique Actifs immobilisés Brut / Actif Total	56,8 % 62 990/110 810	67,2 % 59 440/88 480	
Taux d'usure ∑ amortissements / Actifs Corporels bruts	25,3 % 14 820/58 660	17,4 % 8 640/49 650	N : (13 420 + 1 400)/62 990 – 1 300 – 210 – 980 – 1 840 N–1 : 8 640/59 440 – 5 050 – 2 500 – 180 – 220 – 1 840
Taux d'investissement Investissements / Chiffre d'affaires HT	5,6 % 3 770/66 850	5,8 % 4 100/70 500	
Rendement des immobilisations Chiffre d'affaires HT / Actifs immobilisés Brut	106,1 % 66 850/62 990	118,6 % 70 500/59 440	

L'intensité capitalistique a diminué du fait d'une augmentation plus que proportionnelle du BFR et non pas d'une réduction des immobilisations. Puisque les équipements sont récents, nous pouvons en déduire que les investissements sont réalisés dans une perspective de développement. Or, le marché s'effondre en N et malgré cela, l'entreprise continue à investir. Nous pouvons nous interroger sur la qualité des études de marché mise en œuvre par l'entreprise. Faute de volumes, la capacité de production est sous-utilisée.

Les capitaux propres

Ratios	N	N–1	Calculs
Taux d'autofinancement CA / Investissements	33,7 % 1 270/3 770	195,6 % 8 020/4 100	
Solvabilité Capitaux Propres / Passif Total	45,7 % 50 650/110 810	58,7 % 51 950/88 480	
Politique de distribution Dividendes / Résultat Net (N–1)	92,8 % 4 000/4 310	–	N : 4 310 – (1 320 – 1 290) – (3 210 – 2 930)

Alors que l'entreprise autofinançait totalement ses investissements en N–1, elle n'en finance plus qu'un tiers en N. Du fait de sa politique de distribution particulièrement généreuse et des mauvais résultats de N, la solvabilité générale a régressé.

L'endettement

Ratios	N	N–1	Calculs
Taux d'endettement Capitaux Propres / Endettement à terme	103,5 % 50 650/48 950	175,8 % 51 950/29 556	
Délai de remboursement Endettement à terme / CAF	38,5 48 950/1 270	3,7 29 556/8 020	
Poids des intérêts Intérêts / Chiffre d'affaires HT	10,3 % 6 900/66 850	4,5 % 3 200/70 500	
Coût de l'endettement Intérêts / Endettement à terme + CBC	13,2 % 6 900/52 120	9,9 % 3 200/32 403	N : 48 950 + 3 170 N–1 : 29 556 + 2 847

Les données bilantielles d'endettement ne semblent pas représentatives de la réalité puisque le coût de l'endettement est anormalement élevé compte tenu des taux d'intérêt pratiqués actuellement. L'entreprise disposait d'une capacité d'endettement en N–1 qu'elle a utilisée pleinement en N. Même si le niveau d'endettement est structurellement supportable, le poids en est beaucoup trop élevé au regard du chiffre d'affaires réalisé.

Ratios de gestion opérationnelle et commentaires

L'activité

Ratios	N
Variation du chiffre d'affaires Δ CA HT/CA HT (N–1)	– 5,2 % (66 850 – 70 500)/70 500
Variation de la valeur ajoutée Δ VA/VA (N–1)	+ 8,6 % (52 905 – 48 700)/48 700

Si le chiffre d'affaires est en recul de 5,2 %, la valeur ajoutée progresse de 8,6 %, phénomène qui pourrait être expliqué par :

– un mix produit plus favorable ;
– une réduction du coût matière ;
– une baisse des frais généraux.

La profitabilité et la rentabilité

Ratios	N	N–1
Taux de profitabilité (EBE/CA HT)	12,8 % 8 560/66 850	12,9 % 9 100/70 500
Taux de profitabilité économique (RE/CA HT)	3,7 % 2 490/66 850	9,4 % 6 610/70 500
Taux de rentabilité (EBE/CE)	8,4 % 8 560/102 440	11,2 % 9 100/81 506
Taux de rentabilité économique (RE/CE)	2,4 % 2 490/102 440	8,1 % 6 610/81 506

Si le taux de profitabilité générale reste identique, nous assistons à une dégradation forte de la profitabilité économique lorsque l'entreprise prend en compte les conséquences de sa politique d'investissement avec les dotations aux amortissements. D'ailleurs, les résultats obtenus ne sont pas à la hauteur des capitaux mobilisés en N.

Répartition de la valeur ajoutée corrigée	N	N–1
Personnel	81,7 % 43 225/52 905	78,2 % 38 100/48 700
État	2,1 % 1 120/52 905	5,5 % 2 700/48 700
Prêteurs	13,0 % 6 900/52 905	6,6 % 3 200/48 700
Actionnaires	7,6 % 4 000/52 905	?
Entreprise	– 4,4 % – 2 340/52 905	9,7 % 4 700/48 700

Ratios	N	N–1
Rendement du personnel	1,55 66 850/43 225	1,85 70 500/38 100
Productivité du personnel	1,22 52 905/43 225	1,28 48 700/38 100

Compte tenu de la forte réduction du rendement et de la baisse importante de la productivité, la part revenant au facteur travail dans la répartition de la valeur ajoutée est en progression. Les charges financières, liées à la politique d'investissement, sont très importantes et du fait de sa politique de distribution particulièrement généreuse, l'entreprise se voit amputée d'une partie de ses ressources d'autofinancement.

Ratios	N	N–1
Taux de rentabilité financière (RN/CP)	– 18,1 % (–9 160/50 650)	8,3 % (4 310/51 950)

$$\frac{\text{Résultat net}}{\text{Capitaux propres}} = \frac{\text{Résultat net}}{\text{CA hors taxes}} \times \frac{\text{CA hors taxes}}{\text{Actif économique}} \times \frac{\text{Actif économique}}{\text{Capitaux propres}}$$

Rentabilité des capitaux propres = Taux de marge × Rotation de l'actif × Financement propre de l'actif

En N–1						
$\frac{0,083}{4\,310/51\,950}$	=	$\frac{0,061}{4\,310/70\,500}$	×	$\frac{0,865}{70\,500/81\,506}$	×	$\frac{1,569}{81\,506/51\,950}$
En N						
$\frac{-0,181}{-9\,160/50\,650}$	=	$\frac{-0,137}{-9\,160/66\,850}$	×	$\frac{0,653}{66\,850/102\,440}$	×	$\frac{2,022}{102\,440/50\,650}$

L'absence de rentabilité des capitaux propres provient naturellement de la disparition du taux de marge avec une marge négative de 13,7 % au regard d'une marge de 6,1 % en N–1. Nous retrouvons la sous-utilisation des capitaux économiques liée à la politique d'investissement et à la forte augmentation du BFR. Naturellement, nous pouvons noter l'effet désastreux d'un endettement fort en l'absence de rentabilité puisque le taux de marge négatif est multiplié par 2 alors qu'il était multiplié par 1,5 dans la situation précédente.

Les postes circulants

Ratios	N	N–1
Besoin en fonds de roulement	212 j 360 × (39 450/66 850)	94 j (18 480/70 500) × 360
Durée de stockage marchandises	330 j 360 × (19 110/20 810)	158 j (9 260/21 150) × 360
Durée du crédit clients	120 j 360 × [26 580/(66 850 × 1,196)]	44 j 360 × [10 200/(70 500 × 1,196)]
Durée du crédit fournisseurs	93 j 360 × [6 905/(22 300 × 1,196)]	38 j 360 × [2 610/(20 800 × 1,196)]

Le besoin en fonds de roulement en jours de chiffre d'affaires a doublé en une année. Visiblement, dans ce secteur d'activité, la durée de stockage est longue puisqu'elle représentait près d'un semestre de chiffre d'affaires en N–1. Un an plus tard, l'entreprise se retrouve avec une année de stocks, des crédits clients en forte progression, conséquence naturelle d'une baisse d'activité, les commerciaux ayant tendance à accorder des délais de paiement longs pour réaliser les affaires. L'allongement du crédit fournisseurs peut être analysé comme la conséquence d'une impossibilité pour l'entreprise de faire face à ses échéances, ce qui n'est pas bon signe.

CHAPITRE

9

L'analyse dynamique : les tableaux de flux

APPLICATION 1 p.237 Vrai-Faux

Répondez par « Vrai » ou par « Faux » aux affirmations ci-dessous.

1. **En France, le tableau de financement doit obligatoirement être publié par toutes les entreprises.**
   Faux
2. **L'un des fondements du tableau de financement du PCG est la détermination de la variation du fonds de roulement (net global).**
   Vrai
3. **Dans le tableau de financement du PCG, un dégagement est le contraire d'une ressource.**
   Faux
4. **Le TPFF est l'ancêtre français des tableaux de flux de trésorerie.**
   Vrai
5. **La formule Δ Trésorerie = Δ Fonds de roulement (net global) – Δ BFR est juste.**
   Vrai
6. **Dans le tableau de financement du PCG, les augmentations et les diminutions d'emprunts se compensent.**
   Vrai
7. **Dans le tableau de flux de trésorerie, il y a trois parties.**
   Vrai
8. **La CAF est nette d'impôts sur les sociétés.**
   Vrai

9. **La distribution de dividendes concerne le résultat de l'année N.**
Faux

10. **En cas d'augmentation de capital par incorporation des réserves, il n'y a pas de flux de trésorerie mais l'augmentation apparaît dans le tableau de flux.**
Faux

11. **Dans le tableau de flux de trésorerie, un bien financé par crédit-bail est inscrit pour la valeur brute dans les acquisitions et les emprunts.**
Faux

12. **Le tableau de financement du PCG comporte deux tableaux, le deuxième étant réservé à la variation de l'exploitation.**
Vrai

13. **Dans le tableau de flux de trésorerie, les concours bancaires courants réguliers appartiennent au cycle financement.**
Vrai

14. **Le tableau de flux est construit à partir de deux bilans fonctionnels.**
Vrai

15. **La fonction financement inclut le coût du capital propre (dividendes), mais pas le coût des emprunts qui appartient au cycle d'exploitation.**
Vrai

APPLICATION 2 p. 238 Cas simples de construction de tableaux de financement

Construisez le tableau de financement du PCG.

Tableau de financement (I)

Emplois	Exercice N		Ressources	Exercice N	
Distributions mises en paiement au cours de l'exercice	220	(3)	Capacité d'autofinancement de l'exercice	2 047	(1)
Acquisitions d'éléments de l'actif immobilisé :			Cessions ou réductions de l'actif immobilisé		
– immobilisations incorporelles	120	(7)	– cessions d'immobilisations		
– immobilisations corporelles	4 038	(8)	– incorporelles	100	(4)
– immobilisations financières	600	(4)	– corporelles	575	(5)
			– cessions ou réductions d'immobilisations financières	80	(6)
Réduction des capitaux propres			Augmentation des capitaux propres :		
			– augmentation de capital	2 600	(2)
			– augmentation des autres capitaux propres		
Remboursements des dettes financières	2 000	(4)	Augmentation des dettes financières	1 800	(9)
Total	6 978		Total	7 202	
Variation du FRNG (ressource)	224		Variation du FRNG (emploi)		

Explications

(1) –164 + 2 078 – 64 – 225 + 217 + 40 + 165

(2) (20 000 × 130/1 000) = (10 000 + 1 000) – (8 000 + 400)

(3) 520 – [(676 + 526 + 460 + 4) – (656 + 420 + 260 + 36)]

(4) données de l'énoncé

(5) 480 + 95

(6) 80 – 0

(7) 270 – 150 ; VNC du brevet vendu : 130 – 60 = 70

(8) VNC ordinateur : 450 – 70 = 380 ; VO de l'ordinateur : 380 + 240 = 620
(19 818 + 1 246 + 1 620) – (16 460 + 966 + 1 840) + 620

(9) 5 800 – 6 000 + 2 000

Tableau de financement (II)

Variation du fonds de roulement net global	Exercice N			
	Besoins 1	Dégagements 2	Solde 2–1	
Variation « Exploitation » :				
Variations des actifs d'exploitation :				
Stocks et encours		30		(1)
Avances et acomptes versés sur commandes				
Créances clients, comptes rattachés et autres créances d'exploitation	284			(2)
Variations des dettes d'exploitation :				
Avances et acomptes reçus sur commandes en cours				
Dettes fournisseurs, comptes rattachés et autres dettes d'exploitation	103			(3)
Totaux	387	30		
A. Variation nette « exploitation »			–357	
Variations « Hors exploitation » :				
Variations des autres débiteurs	234			(4)
Variations des autres créditeurs		290		(5)
Totaux	234	290		
B. Variation nette « hors exploitation »			56	
TOTAL A + B				
Besoins de l'exercice en fonds de roulement			–301	
Ou				
Dégagement net de fonds de roulement dans l'exercice				
Variation « Trésorerie »				
Variations des disponibilités		16		(6)
Variations des concours bancaires courants et soldes créditeurs de banques		61		(7)
Totaux		77		
C. Variation nette « Trésorerie »			77	
Variation du fonds de roulement net global				
(Total A + B + C)				
Emploi net			–224	
ou				
Ressource nette				

Explications

(1) (2 140 + 1 180) – (1 370 + 1 980)

(2) (2 230 + 2 640 + 138 + 190) – (2 170 + 2 420 + 144 + 180)

(3) (1 840 + 485) – (1 960 + 468)

(4) 446 – 212

(5) 420 – 130

(6) 194 – 210

(7) (64 + 2 640) – (223 + 2 420)

APPLICATION 3 p. 239 Commentaires d'un tableau de flux de trésorerie

1. Commentez la MBA dégagée par l'entreprise.

La MBA est de 1 236 k€ en N contre 1 163 k€ en N–1. Le montant est en légère progression. Il s'agit de la capacité de l'entreprise à financer son exploitation indépendamment des délais de règlement. Cette MBA n'est qu'une capacité car elle sera imputée du montant des dividendes versés aux actionnaires.

Elle progresse de 100 k€ malgré une baisse du résultat net. En fait, le résultat net a diminué de 214 k€ du fait d'une croissance des dotations aux provisions et amortissements qui n'ont aucune influence sur la trésorerie.

2. Comment évolue le flux de trésorerie dégagé par l'activité ?

Le flux de trésorerie tient compte de l'évolution des délais de paiement. Pour obtenir la MBA, l'entreprise peut être amenée à accorder des délais de paiement plus longs et à détériorer ainsi sa trésorerie. Les flux de trésorerie liés à l'activité sont en amélioration de 100 k€ par rapport à l'an dernier et proviennent tout simplement de l'amélioration de la MBA. Il n'y a pas de variation sensible du BFR.

3. Quelle était la politique d'investissement de l'entreprise en N–1 et en N ?

Pour la deuxième année consécutive, la politique d'investissement de l'entreprise est audacieuse puisqu'elle est supérieure au montant des amortissements : 1 492 k€ en N contre 934 k€.

Visiblement, elle s'inscrit dans une politique de renouvellement, cessions et acquisitions d'immobilisations corporelles, et dans une politique de croissance externe par l'acquisition d'immobilisations financières. Cette politique est la même qu'en N–1.

4. L'entreprise peut-elle financer de façon autonome ses investissements ?

L'entreprise est autonome dans le financement de sa politique d'investissement puisque les flux de trésorerie dégagés par l'activité sont quasi équivalents pour N et supérieurs pour N–1 aux flux d'investissement. L'entreprise n'a pas besoin de faire appel aux actionnaires, ni aux financements extérieurs.

5. Comment l'entreprise se comporte-t-elle au niveau du financement ? Quel est l'effort des actionnaires ?

En N–1, l'entreprise contracte de nouveaux emprunts et en rembourse d'anciens. Il s'agit d'une pratique classique liée aux dates d'échéance. Compte tenu de la baisse des taux d'intérêt, l'entreprise tire profit de cette opération. Comme sa trésorerie d'exploitation est supérieure à sa politique d'investissement, elle peut rembourser une partie de ses emprunts.

En N, l'entreprise fait appel aux actionnaires par une augmentation de capital, contracte de nouveaux emprunts et en rembourse des anciens pour un montant nettement supérieur : 1 063 k€ d'anciens emprunts remboursés contre 683 k€ de nouveaux emprunts.

6. Quelle est la politique de dividendes du groupe ?

La politique de dividendes était très généreuse en N–1 avec près d'un tiers du bénéfice net distribué. C'était sans doute pour préparer l'augmentation de capital de N.

En N, l'entreprise est moins généreuse puisqu'elle distribue 13 % du résultat net.

7. Pourquoi l'entreprise emprunte-t-elle et rembourse-t-elle simultanément ?

Première hypothèse : c'est le jeu des échéances. Des emprunts arrivent à échéance et l'entreprise n'a pas la possibilité de tout rembourser sans faire appel à de nouveaux emprunts.

Deuxième hypothèse : c'est le fruit d'une négociation. Les taux d'intérêt étant plus avantageux, l'entreprise renégocie ses emprunts auprès de sa banque.

8. Quelle est la position de trésorerie de l'entreprise fin N–1 et fin N ?

En N, la trésorerie a baissé de 265 k€. Les flux de trésorerie d'exploitation ont financé la politique d'investissement. La trésorerie active a été utilisée pour rembourser une partie des emprunts.

9. Faites une représentation graphique sur 2 ans du tableau de flux de trésorerie.

N–1

<table>
<tr><td rowspan="3">Trésorerie d'exploitation
1 329</td><td>Investissements
1 073</td></tr>
<tr><td>Dividendes
204</td></tr>
<tr><td>Remboursements
70</td></tr>
</table>

N

<table>
<tr><td>Trésorerie d'exploitation
1 429</td><td>Investissements
1 492</td></tr>
<tr><td>Actionnaires
236</td><td>Remboursements
201</td></tr>
<tr><td>Utilisation trésorerie active
85</td><td>Dividendes
57</td></tr>
</table>

Les deux colonnes ne sont pas strictement équivalentes. Ces tableaux ont pour intérêt de décrire de façon dynamique ce qui s'est passé dans l'entreprise et non pas de retrouver exactement les montants.

10. Présentez un commentaire de ces graphiques.

La lecture des graphiques est simple : l'entreprise autofinance pleinement sa politique d'investissement. Sa politique de dividendes est très saine.

Par contre, tout dépend de son niveau d'endettement initial car peu d'emprunts sont remboursés au cours des deux périodes.

APPLICATION 4 p. 240 Cas de synthèse n° 1

Le directeur de la société Dolunpi vous demande d'établir un tableau de flux de trésorerie à partir des documents fournis en annexe, puis de faire un commentaire structuré sur l'analyse des flux de la période.

	Exercice N	
Flux de trésorerie liés à l'activité		
Résultat net	11 463,50	
Réintégration des charges et des produits sans incidence sur la trésorerie ou non liés à l'activité :		
± Amortissements et provisions (dotations nettes de reprises)	21 844,20	
– Plus-value de cessions nettes d'impôt	–26,30	
– Quote-part des subventions d'investissement virée au compte de résultat		
= Marge brute d'autofinancement	33 281,40	
– Variation du besoin en fonds de roulement lié à l'activité	1 935,40	(1)
Flux net de trésorerie généré par l'activité (A)	35 216,80	
Flux de trésorerie liés aux opérations d'investissement		
Acquisitions d'immobilisations	–18 411,60	(2)
– Cessions d'immobilisations, nettes d'impôt	721,10	(3)
Variation des dettes sur immobilisations	890,30	(4)
Flux net de trésorerie lié aux opérations d'investissement (B)	–16 800,20	
Flux de trésorerie liés aux opérations de financement		
Dividendes versés aux actionnaires	–16 852,50	
Augmentation de capital en numéraire		
Émissions d'emprunts		
Remboursements d'emprunts		
Subventions d'investissement reçues		
Flux net de trésorerie lié aux opérations de financement (C)	–16 852,50	
Variation de trésorerie (A + B + C)	1 564,10	
Trésorerie à l'ouverture (E)	19 323,30	
Trésorerie à la clôture (A + B + C + E)	20 887,60	

Explications

(1) 2 213,20 – 4 148,60 (y compris stocks et comptes courants d'associés)
(2) 21 015,10 – 2 603,60
(3) 33 + 688,10
(4) 2 053,30 – 1 163

APPLICATION 5 p. 244 Cas de synthèse n° 2

Les comptes de la société Savamal, vus dans le chapitre précédent, vont vous servir à construire le tableau de financement du PCG et le tableau de flux de trésorerie de l'OEC.

Tableau de financement (I)

Emplois	Exercice N		Ressources	Exercice N	
Distributions mises en paiement au cours de l'exercice	4 000	(6)	Capacité d'autofinancement de l'exercice	(130)	(1)
Acquisitions d'éléments de l'actif immobilisé :			Cessions ou réductions de l'actif immobilisé :		
– immobilisations incorporelles	250	(7)	– cessions d'immobilisations		
– immobilisations corporelles	3 120	(8)	– incorporelles		
– immobilisations financières			– corporelles	2 200	(2)
			– cessions ou réductions d'immobilisations financières	3 750	(3)
Charges à répartir sur plusieurs exercices			Augmentation des capitaux propres :		
Réduction des capitaux propres			– augmentation de capital	2 500	(4)
			– augmentation des autres capitaux propres		
Remboursements des dettes financières	24 406	(9)	Augmentation des dettes financières	38 000	(5)
Total	**31 776**		**Total**	**46 320**	
Variation du FRNG (ressource)	**14 544**		**Variation du FRNG (emploi)**		

Explications

(1) 9 160 + 6 630 + 4 470 + 450 + 2 310 + 540 – 1 500 – 2 750 – 140 – 2 200 + 1 220 = –130

(2) voir compte de résultat

(3) 1 250 – 5 000 = 3 750

(4) cette augmentation de capital correspond au CSNA qui figurait à l'actif du bilan de l'exercice N–1 et qui ne figure plus au bilan N.

(5) les dettes financières augmentent de l'emprunt obligataire (40 000) auquel on retranche la prime de remboursement brute (2 000) : 40 000 – 2 000 = 38 000.

(6) 4 310 – [(1 320 – 1 290) + (3 210 – 2 930)] = 4 000

(7) voir tableau des immobilisations

(8) voir tableau des immobilisations : 3 520, somme à laquelle il faut retrancher les diminutions des postes « immobilisations en cours » (220) et « avances et acomptes » (180) qui correspondent à des mouvements de comptes sans impact financier : 3 520 – 220 – 180 = 3 120.

(9) [31 720 – 1 347 (CBC) – 817 (ICNE)] – [8 990 – 2 300 (CBC) – 1 540 (ICNE)] = 24 406

Avec les abréviations suivantes :

CBC : concours bancaires courants

ICNE : intérêts courus non échus

Tableau de financement (II)

Variation du fonds de roulement net global	Exercice N Besoins 1	Dégagements 2	Solde 2–1	
Variations « Exploitation » :				
Variations des actifs d'exploitation :				
Stocks et encours	9 850			(1)
Avances et acomptes versés sur commandes				
Créances clients, comptes rattachés et autres créances d'exploitation	15 070			(2)
Variations des dettes d'exploitation :				
Avances et acomptes reçus sur commandes en cours	50			(3)
Dettes fournisseurs, comptes rattachés et autres dettes d'exploitation		3 585		(4)
Totaux	**24 970**	**3 585**		
A. Variation nette « exploitation »			(21 385)	
Variations « Hors exploitation » :				
Variations des autres débiteurs		5 550		(5)
Variations des autres créditeurs		378		(6)
Totaux		**5 928**		
B. Variation nette « hors exploitation »			5 928	
TOTAL A + B Besoins de l'exercice en fonds de roulement Ou Dégagement net de fonds de roulement dans l'exercice			(15 457)	(7)
Variation « Trésorerie »				
Variations des disponibilités		590		(8)
Variations des concours bancaires courants et soldes créditeurs de banques		323		(9)
Totaux		**913**		
C. Variation nette « Trésorerie »			913	
Variation du fonds de roulement net global (Total A + B + C) Emploi net ou Ressource nette			(14 544)	(10)

Explications

(1) – [3 740 + 920 + 14 450] – [1 700 + 850 + 5 660 + 1 050 (P)] = – 9 850

(2) – [26 580 + 80 (CCA) + 870 (EENE)]
– [9 500 + 700 (P) + 700 (ECA) + 60 (CCA) + 1 500 (EENE)]
= – 15 070

(3) 250 – 300 = – 50

(4) [5 900 + 840 + 40 (PCA) – 600 (ECA) – 85 (IS)]
– [1 300 + 1 480 + 50 (PCA) + 150 (ECP) – 470 (IS)]
= 3 585

(5) – [850 + 80] – [680 + 2 000 + 3 750 + 50 (P)] = 5 550
(6) [85 (IS) + 70 + 1 540 (ICNE)] – [470 (IS) + 30 + 1 500 (ICNE)] = 378
(7) – 21 385 + 5 928 = - 15 457
(8) – [250 - 840] = 590
(9) [2 300 (CBC) + 870 (EENE)] – [1 347 (CBC) + 1 500 (EENE)] = 323
(10) – 15 457 + 913 = – 14 544

Avec les abréviations supplémentaires suivantes :
CCA : charges constatées d'avance
ECA : écart de conversion actif
ECP : écart de conversion passif
EENE : effets escomptés non échus
IS : dette d'impôt sur les sociétés
P = provisions N–1
PCA : produits constatés d'avance

Tableau de flux de trésorerie de l'OEC

	Exercice N	
Flux de trésorerie liés à l'activité		
Résultat net	(9 160)	
Réintégration des charges et des produits sans incidence sur la trésorerie ou non liés à l'activité :		
± Amortissements et provisions (dotations nettes de reprises)	6 630	(1)
– Plus-value de cessions nettes d'impôt	653	(2)
– Quote-part des subventions d'investissement virée au compte de résultat		
= Marge brute d'autofinancement	(3 183)	
– Variation du besoin en fonds de roulement lié à l'activité	(16 387)	(3)
Flux net de trésorerie généré par l'activité (A)	(19 570)	
Flux de trésorerie liés aux opérations d'investissement		
Acquisitions d'immobilisations	3 370	(4)
– Cessions d'immobilisations, nettes d'impôt	(5 623)	(5)
Flux net de trésorerie lié aux opérations d'investissement (B)	2 253	
Flux de trésorerie liés aux opérations de financement		
Dividendes versés aux actionnaires	(4 000)	(6)
Augmentation de capital en numéraire	2 500	(7)
Émissions d'emprunts	38 953	(8)
Remboursements d'emprunts	(24 406)	(9)
Subventions d'investissement reçues		
Flux net de trésorerie lié aux opérations de financement (C)	**13 047**	
Variation de trésorerie (A + B + C)	**4 270**	
Trésorerie à l'ouverture (E)	**4 590**	(10)
Trésorerie à la clôture (A + B + C + E)	**320**	(11)

Explications

(1) Il ne faut reprendre que les dotations aux amortissements et aux provisions hors actif circulant (voir tableau des provisions) et l'amortissement de la prime d'émission (APE) :

6 630 + 200 (APE) + 70 + 3 020 – 140 – 3 150 = 6 630

(2) (2 200 – 1 220) × 2/3 = 653

(3)

Créances N Dettes N BFR N	3 220 + 920 + 13 700 + 22 680 + 850 + 80 (CCA) 250 + 5 900 + 840 + 70 + 40 (PCA) + 1 540 (ICNE) – 600 (ECA)	41 450 8 040 33 410
Créances N–1 Dettes N–1 BFR N–1	1 700 + 850 + 5 660 + 9 500 + 680 + 2 000 (CSANV) + 60 (CCA) + 700 (ECA) 300 + 1 300 + 1 480 + 30 + 50 (PCA) + 817 (ICNE) + 150 (ECP)	21 150 4 127 17 023
Var. BFR		16 387

(4) 250 + 3 120

(5) (2 200 – 327) + 3 750 = 5 623

(6) 4 310 – [(1 320 – 1 290) + (3 210 – 2 930)] = 4 000

(7) capital souscrit non appelé N–1

(8) (40 000 – 2 000) + (2 300 – 1 347) = 38 953

(9) [31 720 – 1 347 (CBC) – 817 (ICNE)] – [8 990 – 2 300 (CBC) – 1 540 (ICNE)] = 24 406

(10) 3 750 + 840 = 4 590

(11) 250 + 70 = 320

CHAPITRE

10

Les projets d'investissement

APPLICATION 1 p. 275 QCM

Choisissez la ou les réponses exactes.

1. **La décision d'investir est motivée par :**
   a. le respect des orientations stratégiques de développement de l'entreprise.
   b. la satisfaction d'une demande commerciale et la nécessité de réaliser des bénéfices.
   c. la volonté de créer de la valeur pour les actionnaires.

2. **La notion d'investissement correspond :**
   b. aux capitaux investis en valeur brute.

3. **Les investissements matériels :**
   a. sont représentatifs de croissance interne.
   b. doivent engendrer des flux futurs de profits.

4. **L'investissement *stricto sensu* d'un projet est constitué du montant :**
   b. des immobilisations hors taxes, remise et valeur résiduelle déduites.

5. **Préalablement à la décision d'investir, il faut procéder à :**
   a. la distinction des phases de conception, d'étude technique et d'étude financière.
   c. la cession des immobilisations obsolètes ou usagées.

6. **L'amélioration de la rentabilité économique peut être réalisée par :**
   a. l'accroissement des marges d'exploitation.

7. La notion de développement économique durable instituée dans la loi NRE est :

b. une opportunité pour communiquer et se développer.

c. une source de profit dans certains cas.

8. L'amortissement des immobilisations génère :

b. des charges calculées.

c. des économies d'impôt.

9. Les capitaux investis pour le projet en début de période 1 comprennent :

c. les immobilisations et l'accroissement du besoin en fonds de roulement.

10. La CAF du projet est calculée :

a. hors financement.

11. La cessation supposée de l'activité en fin de projet entraîne :

b. une ressource en fonds de roulement d'exploitation.

12. Les flux de trésorerie du projet sont actualisés :

a. au coût du capital.

13. Le taux de rendement interne représente :

a. le taux maximum de financement du projet.

c. le taux de rejet du projet.

14. Un investissement rentable est un investissement qui :

c. dégage une valeur actuelle nette positive.

APPLICATION 2 p. 276 Comparaison de projets de montants différents

1. Déterminez la VAN des projets A et B au taux d'actualisation de 15 %.

VAN du projet A au taux de 15 % :

$- 150 + 45(1{,}15)^{-1} + 60(1{,}15)^{-2} + 75(1{,}15)^{-3} + 32(1{,}15)^{-4} = 2{,}11$ k€

VAN du projet B au taux de 15 % :

$- 375 + 112{,}50(1{,}15)^{-1} + 150(1{,}15)^{-2} + 187{,}50(1{,}15)^{-3} + 80(1{,}15)^{-4} = 5{,}27$ k€

2. Quel est le projet le plus intéressant ?

Le projet le plus intéressant est le projet le plus rentable, c'est-à-dire celui qui maximise la VAN, soit le projet B.

3. Calculez l'indice de profitabilité des deux projets.

IP A : 1 + 2,11 / 150 = 1,014

IP B : 1 + 5,27 / 375 = 1,014

4. Qu'en concluez-vous ?

La rentabilité relative de chaque projet est identique. Les deux projets se valent sur ce critère et dégagent chacun 1,4 k€ pour 100 k€ investi, soit 1,4 centime d'euro pour 1 euro investi. Cependant, la VAN doit être privilégiée lorsqu'il faut choisir entre plusieurs projets car si l'entreprise trouve les moyens d'investir 375 k€ au lieu de 150 k€, elle doit retenir le projet B qui présente l'avantage absolu le plus élevé.

5. Quel est le délai de récupération du capital investi de ces projets ?

DRCI du projet A :

Projet A	0	1	2	3	4
Cash-flows actualisés	–150,00	39,13	45,37	49,31	18,30
Cash-flows cumulés	–150,00	–110,87	– 65,50	– 16,19	2,11

Le projet est rentable au cours de la 4e année.

Soit au bout de : 3 ans + 12 × (16,19/18,30) = 3 ans + 10,62 mois

Soit au bout de : 3 ans + 10 mois + 19 jours

DRCI du projet B :

Projet B	0	1	2	3	4
Cash-flows actualisés	–375,00	97,83	113,42	123,28	45,74
Cash-flows cumulés	–375,00	–277,17	–163,75	– 40,47	5,27

Le projet est rentable au cours de la 4e année.

Soit à l'issue de : 3 ans + 12 × (40,47/45,74) = 3 ans + 10,62 mois

Soit à l'issue de : 3 ans + 10 mois + 19 jours

APPLICATION 3 p. 276 Valeur actuelle nette et taux d'actualisation

1. Déterminez la VAN du projet sans actualiser.

VAN (0 %) : 20,00

2. Calculez la VAN avec des taux d'actualisation de 8 %, 9 %, 10 % et 11 %.

VAN (8 %) : 2,80

VAN (9 %) : 0,99

VAN (10 %) : – 0,75

VAN (11 %) : – 2,44

3. Représentez sur un graphique les VAN en fonction du taux d'actualisation.

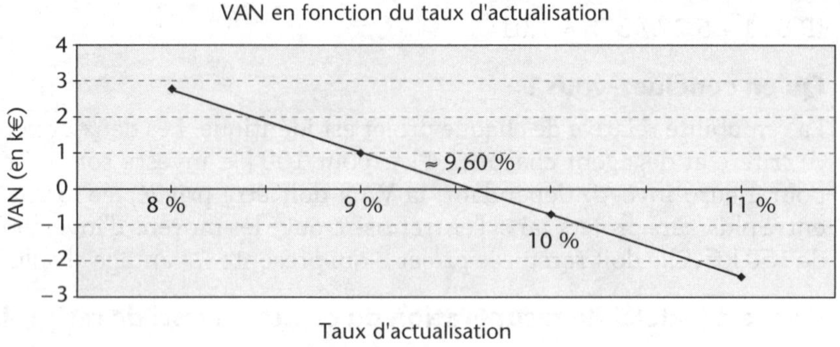

4. Déterminez le TRI par interpolation linéaire et vérifiez la cohérence du taux sur le graphique.

Période	0	1	2	3	4	TRI
Investissement	−80,00					
CAF		25,00	25,00	25,00	25,00	
Cash-flows	−80,00	25,00	25,00	25,00	25,00	9,56 %

TRI : 9 % + (10 % – 9 %) × (0,99/1,74) = 9,57 %

APPLICATION 4 p. 277 Méthodologie de choix d'investissement

1. Dressez les comptes de résultat prévisionnels sur 5 ans et calculez la CAF.

Comptes de résultat	1	2	3	4	5
CA HT	300,00	315,00	330,00	360,00	390,00
Charges variables (CV)	180,00	189,00	198,00	216,00	234,00
Marge/CV	120,00	126,00	132,00	144,00	156,00
Frais fixes	60,00	60,00	60,00	60,00	60,00
Dotations aux amortissements	48,00	48,00	48,00	48,00	48,00
Résultat d'exploitation	12,00	18,00	24,00	36,00	48,00
Produits de cession					15,00
Valeur comptable nette					0,00
Résultat avant impôt	12,00	18,00	24,00	36,00	63,00
Impôt sur les bénéfices	4,00	6,00	8,00	12,00	21,00
Résultat après impôt	8,00	12,00	16,00	24,00	42,00
CAF	56,00	60,00	64,00	72,00	75,00

2. Réalisez un tableau faisant apparaître le BFRE et son accroissement pour les 5 années.

Suivi du BFRE	0	1	2	3	4	5
BFRE	37,50	39,38	41,25	45,00	48,75	
Variation du BFRE	37,50	1,88	1,87	3,75	3,75	–48,75

BFRE en début de période : 300 × 45/360 = 37,50 k€

BFRE en début d'année 2 : 315 × 45/360 = 39,38 k€

3. Calculez le montant immobilisé servant de base de calcul aux amortissements.

La valeur d'entrée dans le patrimoine correspond au coût d'achat hors taxes, soit à 304,98/1,196 = 255,00 k€ HT.

Base de calcul des amortissements : 255 – 15 = 240 k€

Dotations aux amortissements : 240/5 = 48 k€

4. À l'aide d'un tableau présentant les flux liés à l'investissement et ceux de l'activité, déterminez les flux de trésorerie du projet pour chaque année.

Cash-flows	0	1	2	3	4	5
Investissements corporels	–255,00					
Valeur résiduelle						15,00
CAF		56,00	60,00	64,00	72,00	75,00
Accroissement de BFRE	–37,50	–1,88	–1,87	–3,75	–3,75	48,75
Cash-flows	–292,50	54,12	58,13	60,25	68,25	138,75

5. Est-ce que le projet doit être retenu si la société fixe un taux d'actualisation de 9 % ?

$- 292{,}50 + 54{,}12(1{,}09)^{-1} + 58{,}13(1{,}09)^{-2} + 60{,}25(1{,}09)^{-3} + 68{,}25\,(1{,}09)^{-4}$
$+ 138{,}75(1{,}09)^{-5} = - 8{,}87$ k€

Le projet n'est donc pas rentable au taux d'actualisation de 9 %.

6. Calculez le TRI du projet par interpolation linéaire en utilisant des taux de 9 % et de 7 %.

Avec un taux d'actualisation de 7 %, la VAN est de 9,03 k€, ce qui nous permet d'obtenir une borne positive pour procéder à l'interpolation linéaire. Le TRI se situe entre 7 % et 9 %.

Réalisons l'interpolation linéaire pour trouver le TRI :

TRI : 7 % + (9 % – 7 %) × (9,03/17,90) = 7,99 %

TRI : 7,99 %

7. Que représente le taux de rendement interne ?

Le TRI est le taux de rendement économique du projet. Il représente donc le taux maximum auquel la société peut se procurer les fonds pour financer l'investissement afin de dégager de la valeur.

APPLICATION 5 p. 277] Périodes différentes et réinvestissement des flux de trésorerie

1. Déterminez la VAN et le TRI des projets A et B sur leurs horizons respectifs et indiquez le projet à retenir.

Projet A (en k€)	0	1	2	3	4	5
Investissement Cash-flows	–2 000	 640	 640	 640	 640	 640
Total	**–2 000**	**640**	**640**	**640**	**640**	**640**

VAN (6 % ; 5 ans) : 695,91

Projet B (en k€)	0	1	2	3	4	5	6	7
Investissement Cash-flows	– 2 000	 500	 500	 500	 500	 500	 500	 500
Total	**– 2 000**	**500**	**500**	**500**	**500**	**500**	**500**	**500**

VAN (6 % ; 7 ans) : 791,19

2. Refaites les calculs en raisonnant sur un horizon de 5 ans.

Projet B	0	1	2	3	4	5
Investissement Cash-flows Valeur résiduelle	– 2 000	 500	 500	 500	 500	 500 570
Total	– 2 000	500	500	500	500	1 070

VAN (6 % ; 5 ans) : 532,12

3. Déterminez une annuité pour chaque projet en prenant comme capital initial la VAN à 6 % calculée sur la durée initiale des projets. Vous retiendrez alors le projet ayant l'annuité constante (dite équivalente) la plus élevée.

Selon cette méthode, on cherche l'annuité (a) qui permettrait d'amortir un emprunt égal à la VAN dont le taux est le coût du capital (i) et la durée celle du projet.

Projet A : $a = 695{,}91 \times [0{,}06/(1 - (1{,}06)^{-5})] = 165{,}21$

Projet B : $a = 791{,}19 \times [0{,}06/(1 - (1{,}06)^{-7})] = 141{,}73$

Selon le critère de l'annuité constante équivalente, le projet A est à retenir car $aA > aB$.

4. La direction de la société Nolosso estime que les flux de trésorerie pourront être réinvestis à un taux de 8 % annuel. Calculez la VAN globale de chaque projet. Que constatez-vous ?

Valeur capitalisée de A : $640 \times [(1{,}08)^5 - 1)/0{,}08] = 3\,754{,}62$ k€

VAN globale de A : $[3\,754{,}62 \times (1{,}06)^{-5}] - 2\,000 = 805{,}67$ k€

Valeur capitalisée de B : 500 × [$(1,08)^7$ – 1)/0,08] = 4 461,40 k€

VAN globale de B : [4 461,40 × $(1,06)^{-7}$] – 2 000 = 967,09 k€

Le projet B doit être retenu car sa VAN globale est la plus élevée.

APPLICATION 6 p. 278 Critères financiers divergents

1. Calculez la VAN au taux de 10 % pour chacun des projets.

2. Calculez le TRI pour les deux projets. Que constatez-vous ?

Coût du capital = 10 %

Projets	0	1	2	3	VAN	TRI
Projet A	–500,00	450,00	100,00	100,00	66,87	20,41 %
Projet B	–500,00	50,00	100,00	650,00	116,45	18,85 %
Différentiel	0,00	400,00	0,00	–550,00		

La VAN donne le projet B plus intéressant alors que le TRI favorise le projet A.

3. Calculez le taux d'indifférence des projets et donnez sa signification.

Taux d'indifférence

VAN 20 % du différentiel : 15,05

VAN 15 % du différentiel : –13,81

Le taux d'indifférence est de 17,26 %.

C'est le taux pour lequel les deux projets sont équivalents.

Méthode algébrique pour trouver le TRI du différentiel

$0 = 400(1 + i)^{-1} + 0 - 550(1 + i)^{-3}$

$0 = 400 - 550(1 + i)^{-2}$

$400/550 = (1 + i)^{-2}$

$0,7273 = (1 + i)^{-2}$

$0,7273^{-1/2} = 1 + i$

$(0,7273^{-1/2}) - 1 = i$

$0,1726 = i$

$17,26\ \% = i$

CHAPITRE

11

La gestion du besoin en fonds de roulement et du poste clients

APPLICATION 1 p. 300 QCM

Choisissez la ou les réponses exactes.

1. **Le besoin en fonds de roulement normatif correspond à :**
   a. un besoin moyen exprimé en jours de chiffre d'affaires hors taxes.
2. **Le besoin en fonds de roulement normatif permet :**
   a. de prévoir la trésorerie en fonction du niveau d'activité futur et du FRNG.
   b. de mettre en évidence différents leviers pour réduire le BFRE.
3. **Les entreprises en forte croissance connaissent souvent :**
   b. un taux d'accroissement de BFRE supérieur à celui du chiffre d'affaires.
4. **Un allongement du délai de stockage :**
   b. augmente le BFRE.
5. **Le coefficient de structure des encours de production :**
   c. est le reflet de la structure du coût de production.
6. **Les charges de personnel comprennent :**
   a. les salaires bruts plus les charges sociales patronales.
7. **Le calcul du besoin en fonds de roulement normatif n'intègre pas :**
   b. les éléments hors exploitation car ils ont un caractère acyclique.
   c. les éléments hors exploitation car ils concernent l'investissement et le financement.
8. **Le besoin en fonds de roulement est composé :**
   b. des décalages issus de l'activité.

9. L'activité de la grande distribution :

a. n'engendre pas de besoin en fonds de roulement.

b. engendre une ressource en fonds de roulement.

10. La gestion du poste clients consiste à :

a. contrôler les accords commerciaux et les délais de paiement.

b. s'assurer de la qualité financière des clients.

c. renforcer le service « crédit » de l'entreprise ou recourir à l'affacturage.

11. L'affacturage est une technique de financement permettant de :

a. transférer le risque client sur un tiers.

b. diminuer le besoin en fonds de roulement.

c. se décharger de la gestion du compte clients.

12. L'escompte d'une lettre de change relevée (LCR) magnétique :

c. est facturé par la banque en fonction de la durée du crédit.

13. L'escompte d'effets de commerce :

a. permet de réduire le besoin en fonds de roulement apparaissant au bilan.

c. empêche l'analyse du poste clients par des analystes externes.

APPLICATION 2 p. 301 Besoin en fonds de roulement statique

Répondez aux questions suivantes à partir du bilan de la société Manaudeux :

1. Déterminez le besoin en fonds de roulement global (BFR).

2. Distinguez les éléments d'exploitation et hors exploitation selon l'optique du plan comptable général.

Actif circulant d'exploitation	**439**	**Dettes d'exploitation**	**203**
Stocks	188	Fournisseurs et comptes rattachés	151
Clients & comptes rattachés	236	Dettes fiscales & sociales	52
Effets escomptés non échus	15		
Actif circulant hors exploitation	**44**	**Dettes hors exploitation**	**25**
Débiteurs divers + VMP	44	IS + dette/immo + autres dettes	25

BFRE = 236

BFRHE = 19

BFR = 255

3. N'existe-t-il pas une autre possibilité de classement concernant certains éléments ? Justifiez votre réponse.

Les valeurs mobilières de placement (VMP) sont considérées comme de la trésorerie par l'Ordre des experts comptables (OEC).

4. Quel est l'intérêt de calculer le BFR à partir du bilan ?

Le BFR calculé à partir du bilan donne une indication sur le niveau du besoin lié à l'activité, bien que celui-ci soit ponctuel car apparaissant à une date donnée. Il ne reflète pas le besoin moyen (appelé besoin en fonds de roulement normatif) calculé selon la méthode des experts comptables.

5. Est-il significatif de ne pas le mettre en relief avec d'autres grandeurs du bilan et/ou du compte de résultat ?

Le BFR ne veut pas dire grand-chose si on ne le compare pas au FRNG. C'est l'interaction de ces deux agrégats qui permet de se prononcer sur l'équilibre de la structure financière. Il faut l'ajouter aux immobilisations pour obtenir les capitaux investis, c'est-à-dire les emplois générateurs de richesse qui doivent permettre d'engendrer des bénéfices au niveau de l'exploitation.

APPLICATION 3 p. 302 Crédit interentreprises et escompte de règlement

1. Quel serait le montant de l'escompte obtenu par l'entreprise Sanchez dans le cas d'un paiement anticipé ?

Escompte obtenu : 6 750 × 1 % = 67,50 €, ce qui donnerait un montant net à payer de 6 682,50 €.

2. Est-il plus intéressant pour Sanchez de payer au comptant le fournisseur ou de placer la trésorerie en SICAV monétaires rapportant 3 % à l'année ?

Pour répondre à cette question, il faut rapporter le montant de l'escompte obtenu en taux annuel de façon à pouvoir le comparer avec le taux de rendement des SICAV monétaires.

Taux de l'escompte : 1 % pour 60 jours, soit 1 % × 360/60 = 6 % par an.

L'escompte obtenu du fournisseur est financièrement plus intéressant mais il rend indisponible les fonds pendant 60 jours alors qu'un placement en SICAV monétaire est disponible à tout moment. Il faudrait cependant ajouter les frais d'entrée et de sortie et autres frais de gestion des SICAV mais le rendement demeurerait tout de même plus élevé que l'escompte.

3. Pour financer son crédit clients, la société Trombone sollicite habituellement auprès de sa banque des avances en compte courant au taux annuel

de 13,50 %. Est-il plus intéressant pour elle d'obtenir le paiement au comptant de son client ou de recourir au crédit bancaire ?

La réponse a, en partie, été donnée dans la question précédente car l'escompte coûte 6 % par an à la société Trombone alors que le financement à court terme sous forme de crédit bancaire est facturé 13,50 % par an.

4. **Quelle est l'influence sur le BFRE du paiement au comptant pour l'entreprise Sanchez et pour la société Trombone ?**

Régler un fournisseur au comptant diminue les ressources et augmente donc le BFRE. A contrario, l'encaissement anticipé de créances diminue le besoin.

5. **Est-ce que l'octroi de cet escompte exerce une influence sur le fonds de roulement net global ?**

L'octroi d'un escompte entraîne une diminution des produits car l'escompte accordé est imputé sur le montant des ventes, qui fait ainsi baisser le résultat. La diminution du résultat se répercute négativement sur le FRNG car elle est génératrice d'une baisse des ressources propres.

APPLICATION 4 p. 302 Gestion financière de la relation client

L'entreprise Trombone désire mettre en place un système de suivi de recouvrement de ses créances en interne.

Elle vous sollicite afin que vous lui expliquiez ce qu'est un CRM financier et en quoi il se distingue d'un CRM traditionnel. Vous pousserez vos investigations pour intégrer la notion d'ERP à cette démarche et indiquerez les avantages et inconvénients d'un CRM financier.

Gestion de la relation client

Le client est au centre des préoccupations de l'entreprise, qui doit en assurer le suivi et la fidélisation afin de le satisfaire et de pérenniser sa propre activité. La fidélisation et la gestion de la relation client (GRC) ou CRM (customer relationship management) sont réalisées à l'aide de méthode et d'outils dédiés comme les centres d'appels, les logiciels d'analyse marketing, etc. L'instauration d'un CRM permet d'accroître les parts de marché et de consolider la relation commerciale. Les principaux outils concernent la fonction marketing (définition des cibles, des campagnes à mettre en place, etc.), la fonction force de vente (prospection, suivi des clients, etc.), la fonction support (téléventes, SAV, etc.) et les fonctions décisionnelles et de contrôle (analyse des données, mesure de la performance, etc.).

CRM et ERP

La stratégie d'implantation d'un CRM nécessite parfois l'intégration des outils à des logiciels plus puissants. On a pour cela recours aux outils de traitement de l'information appelés ERP (enterprise resource planning). Les ERP, qui datent des années 1990, sont des systèmes intégrés d'applications dans les domaines de la prévision de vente, de la gestion des commandes, de la logistique, de la production, de la distribution, de la finance et des ressources humaines. Ils s'appuient sur la notion de système de gestion de bases de données (SGBD) et sont souvent réalisés sur mesure afin de répondre aux besoins spécifiques de chaque entreprise. L'implantation d'un tel système propriétaire exige la plupart du temps une refonte de l'organisation et des processus de l'entreprise.

Gestion de la relation financière client

La gestion de la relation financière client (GRFC) ou CRM financier est une composante de la GRC qui sert plus spécifiquement à gérer les encours et les litiges des clients. Alors que le CRM est orienté sur l'amont de la relation client avec la gestion du suivi commercial, le CRM financier gère le processus aval et le suivi financier. Le principal avantage des CRM financiers réside dans l'intégration entre l'amont et l'aval de la relation client. Sur le plan des ressources, l'entreprise gagne à utiliser ce type d'outil, source de synergies, plutôt que différents outils pas forcément compatibles entre eux et nécessitant de nombreuses interventions humaines pour exploiter les différentes facettes de la gestion client. La remise en cause de l'organisation, parfois à l'origine de problèmes dans un premier temps, est également nécessaire mais permet à terme des gains de productivité et une meilleure efficacité. Les principaux inconvénients concernent la volonté stratégique qui doit clairement intégrer ces changements, l'organisation qui en découle et les coûts de mise en place et de maintenance souvent élevés. Ces pourquoi ces outils ont longtemps été réservés aux grandes entreprises.

Ainsi, en fonction des possibilités de l'outil existant et de son intégration ou non avec de nouveaux outils ; de la volonté de l'équipe dirigeante à remettre à plat les processus ; des moyens financiers et donc du retour sur investissement attendu, l'entreprise s'orientera vers un module dédié ou vers un progiciel spécialisé proposant des fonctions classiques telles que la procédure automatique de relance, la gestion des litiges, le calcul du risque client, la réalisation de tableaux de bord et la gestion des contentieux.

Les entreprises ont donc aujourd'hui différentes possibilités pour gérer les clients et appréhender cette gestion de manière globale afin d'en maîtriser les différentes facettes et d'uniformiser la gestion des flux pour une plus grande efficacité.

APPLICATION 5 p. 302 Besoin en fonds de roulement normatif et prévisions

1. Calculez le besoin en fonds de roulement normatif en nombre de jours de chiffre d'affaires hors taxes.

Postes	TE	CS	En jours de CA HT Besoins	Ressources
Stock de MP	30	0,3000	9,0000	
Stock de PEC	50	0,4000	20,0000	
Stock de PF	20	0,8000	16,0000	
Clients	30	1,1960	35,8800	
TVA déductible	40	0,0784	3,1360	
Fournisseurs fournitures	15	0,1196		1,7940
Fournisseurs MP	30	0,3588		10,7640
Personnel	15	0,2500		3,7500
Charges sociales	30	0,1500		4,5000
TVA collectée	40	0,1960		7,8400
		Total	**84,0160**	**28,6480**
		BFRN	**55,3680**	

2. Quel est le montant de ce besoin pour un CA HT de 6 000 k€ ?

Pour un CA HT de 6 000 k€, le BFRN serait de 6 000 × 55,368/360 = 922,8 k€.

3. Quel aurait été le BFR si le crédit fournisseurs de matières premières avait pu être négocié à 60 jours ?

Un délai fournisseurs de matières premières à 60 jours au lieu de 30 jours doublerait la ressource qui passerait ainsi de 10,764 jours de CA HT à 21,53 jours. Le BFRN diminuerait d'autant et s'établirait à 44,604 jours, soit 6 000 × 44,604/360 = 743,4 k€.

APPLICATION 6 p. 303 Relation entre la notion de flux et la notion de stock

1. Calculez les durées de rotation des éléments du bilan.

Stocks de marchandises :
[(210 000 + 180 000)/2] / (2 340 000 + 210 000 - 180 000) × 360 = 29,62 jours

Clients : [(265 320 + 217 080)/2] / (3 600 000 x 1,196) × 360 = 20,17 jours

État, TVA déductible : [(82 400 + 78 280)/2] / (2 340 000 × 0,196) × 360 = 63,05 jours

Fournisseurs : [(361 800 + 343 710)/2] / (2 340 000 × 1,196) × 360 = 45,38 jours

État, TVA collectée : [(51 500 + 72 100)/2] / (3 600 000 × 0,196) × 360 = 31,53 jours

2. Calculez les coefficients de structure pour chaque élément.

Stocks de marchandises : (2 340 000 + 210 000 – 180 000) / 3 600 000 = 0,658

Clients : (3 600 000 × 1,196) / 3 600 000 = 1,196

État, TVA déductible : (2 340 000 × 0,196) / 3 600 000 = 0,127

Fournisseurs : (2 340 000 × 1,196) / 3 600 000 = 0,777

État, TVA collectée : (3 600 000 × 0,196) / 3 600 000 = 0,196

3. Déterminez le besoin en jours de chiffre d'affaires et en valeur.

Stocks : 29,62 × 0,658 = 19,49 jours

Clients : 20,17 × 1,196 = 24,123 jours

État, TVA déductible : 63,05 × 0,127 = 8,007 jours

Fournisseurs : 45,38 × 0,777 = 35,26 jours

États, TVA collectée : 31,53 × 0,196 = 6,18 jours

Le besoin en fonds de roulement normatif est de :

19,49 + 24,123 + 8,007 – 35,26 – 6,18 = 10,18 jours de chiffre d'affaires hors taxes.

Soit 3 600 000 × 10,18/360 = 101 800 €, c'est-à-dire 2,8 % ou 11 jours de chiffre d'affaires.

APPLICATION 7 p. 303 Besoin en fonds de roulement normatif : approfondissement

1. Calculez le coût de production en pourcentage du CA HT.

Le coût de production est de 0,83, représenté par :

– matières premières : 0,50 ;

– frais de personnel : 0,30 ;

– autres charges d'exploitation : 0,03.

2. Déterminez le fonds de roulement normatif pour l'année N.

BFRN de la société Norma

			En jours de CA HT	
Postes	TE	CS	Besoins	Ressources
Stock de MP	70	0,5000	35,0000	
Stock de PEC	10	0,4150	4,1500	
Stock de PF	20	0,8300	16,6000	
Clients	60	1,1960	71,7600	
TVA déductible	40	0,1039	4,1560	
Fournisseurs autres	30	0,0359		1,0770
Fournisseurs MP	90	0,5980		53,8200
Personnel	15	0,2204		3,3060
Charges sociales	30	0,1296		3,8880
TVA collectée	40	0,1960		7,8400
		Total	**131,6660**	**69,9310**
		BFRN	**61,7350**	

Le BFRN sera de 428,715 k€ pour un CA HT de 25 000 k€.

APPLICATION 8 p. 304 Éléments variables et charges fixes

Présentez dans un tableau les temps d'écoulement et les coefficients de structure relatifs à chaque poste du bilan pour calculer le besoin en fonds de roulement normatif en faisant la distinction entre les charges variables et les charges fixes.

			En jours de CA HT	
Postes	**TE**	**CS**	**Besoins**	**Ressources**
BFRN variable				
Stock de matières premières	30	0,3333	9,9990	
Stock de produits finis	20	0,4444	8,8880	
Clients	51	1,1568	58,9968	
TVA déductible sur matières premières	36	0,0183	0,6588	
Fournisseurs de matières premières	45	0,3516		15,8220
Personnel	16	0,0675		1,0800
Organismes sociaux	25	0,0437		1,0925
TVA collectée	36	0,1568		5,6448
		Total	**78,5426**	**23,6393**
		BFRN variable	**54,9033**	
BFRN fixe				
Stock de produits finis	3 800 000 × 20/360 =		211 111,11	
TVA déductible sur autres charges	(900 000 × 400 000) × 0,196 × 36/360 =		25 480 ,00	
Personnel	2 125 000 × 16/360 =			94 444 ,44
Organismes sociaux	1 375 000 × 25/360 =			95 486,11
		Total	**236 591,11**	**189 930,55**
		BFRN fixe	**64 660,56**	

Le BFR sera de 18 000 000 € × 54,9033/360 + 46 660,56 € = 2 791 825,56 €.

Détail de certains calculs :

Crédit clients : (30 × 30 %) + (60 × 70 %) = 51 jours

Coefficient clients : (1 × 20 %) + (1,196 × 80 %) = 1,1568

TVA déductible sur matières premières : 0,3333 × 5,5 % = 0,0183

Fournisseurs de matières premières : 0,3333 × 1,055 = 0,3516

Crédit fournisseurs de matières premières : 30/2 + 30 = 45 jours

TVA collectée : 0,196 × 80 % =0,1568

Frais de personnel : 3 500 000 €

Salaires bruts : 3 500 000/1,40 = 2 500 000 €

Salaire nets : 2 500 000 × 85 % = 2 125 000 €

Charges sociales : 2 500 000 × 55 % = 1 375 000 €

CHAPITRE

12

Les modes de financement

APPLICATION 1 p. 322 QCM

Choisissez la ou les réponses exactes.

1. **Les sociétés désirant se développer se procurent des ressources financières :**
   a. sous forme d'emprunt indivis auprès des banques.
   b. sous forme de fonds propres par augmentation de capital.
   c. sous forme de fonds propres par autofinancement brut.

2. **L'augmentation de capital en numéraire est souvent motivée par :**
   a. la levée de nouveaux fonds qui permettront la réalisation de projets.
   b. l'impossibilité de recourir à un endettement supplémentaire.

3. **L'augmentation de capital avec émission de droits préférentiels de souscription :**
   b. permet aux anciens actionnaires de souscrire en priorité.
   c. établit l'équilibre entre les anciens et les nouveaux actionnaires.

4. **Une société cotée en Bourse augmente son capital, ce qui entraîne :**
   a. un signal positif pour l'ensemble des actionnaires.
   c. un signal de surévaluation du cours de Bourse du titre de la société.
   d. une diminution du cours de Bourse.
   e. un effet de dilution lorsque le bénéfice par action diminue.

5. **L'autofinancement brut (CAF) est une ressource apparaissant au bilan car :**
   a. il comprend les flux d'activité encaissables de la période.

b. il correspond au résultat net plus les dotations nettes de reprises.
c. il constitue une ressource conservée par l'entreprise.

6. La quote-part de subvention d'investissement virée au résultat de l'exercice :
b. correspond à un produit calculé.
c. est une fraction calculée du montant perçu apparaissant au passif.

7. L'emprunt obligataire, contrairement à l'emprunt *indivis*, permet :
a. de lever des fonds plus importants.

8. Le financement par crédit-bail est généralement motivé par :
a. sa facilité d'obtention.
b. la capacité apparente d'endettement qu'il permet.

9. Les redevances annuelles de crédit-bail :
a. permettent une réduction d'impôt pour leur montant total.
b. diminuent le résultat net comptable de la période.
c. sont considérées comme une annuité d'emprunt.

APPLICATION 2 p. 323 Calcul d'un droit préférentiel de souscription

1. Quelle est la valeur de l'action avant et après augmentation de capital ?

Valeur de l'action avant augmentation : 6 210 000 €/30 000 = 207 €

Valeur de l'action après augmentation :

– avant augmentation :	30 000	207	6 210 000
– augmentation de capital :	10 000	160	1 600 000
– après augmentation :	40 000	195,25	7 810 000

2. Calculez la valeur du droit préférentiel de souscription.

La perte de valeur est de 195,25 – 207 = – 11,75 €.

Le DPS doit donc être de 11,75 €.

Autre méthode : $DPS = (V - E)\frac{n}{N + n}$

avec :

V = valeur de l'action avant augmentation

E = prix d'émission

n = nombre d'actions émises

N = nombre d'actions avant augmentation

$$(207 - 160) \times \frac{10}{40} = 11,75 \text{ €}$$

3. Quel est l'intérêt de ce droit ?

L'actionnaire qui possède 3 actions anciennes perd : 3 × 11,75 € = 35,25 €.

S'il souscrit une action nouvelle, il gagne : 195,25 – 160 = 35,25 €.

L'actionnaire nouveau doit avoir 3 DPS pour souscrire une action nouvelle ; il paiera 3 DPS en plus du prix d'émission de l'action nouvelle pour avoir une action à 195,25 € : (3 × 11,75) + 160 = 195,25 €.

APPLICATION 3 p. 323 Augmentation de capital

1. Sachant que la société désire lever 1 140 000 €, combien d'actions doit-elle émettre ?

L'émission doit porter sur 1 140 000/380 = 3 000 actions nouvelles.

2. Présentez la situation de l'actionnaire avant et après augmentation de capital.

Valeur de l'action après augmentation :

– avant augmentation :	8 000	440	3 520 000
– augmentation de capital :	3 000	380	1 140 000
– après augmentation :	11 000	423,64	4 660 000

La perte de valeur est de 423,64 – 440 = – 16,36 €. Le DPS doit donc être de 16,36 €.

L'actionnaire qui possède 8 actions anciennes perd : 8 × 16,36 € = 130,88 €.

S'il souscrit 3 actions nouvelles, il gagne : (423,64 – 380) × 3 = 130,92 €.

Situation de l'actionnaire ancien ayant 8 actions :

– valeur de ses actions avant :	8	440	3 520
– valeur de ses actions après :	11	423,63	4 660,04
	– 3	380	–1 140 (actions nouvelles décaissées)
			3 520,04

3. Quelles sont les possibilités d'un actionnaire possédant 14 actions ?

L'actionnaire ancien qui possède 14 actions peut souscrire à 3 nouvelles avec 8 droits et revendre les 6 droits qui lui restent :

– avant :	14	440	6 160
– après :	17	423,64	7 201,88
vente de droits	6	16,36	+ 98,16
achat d'actions	3	380	–1 140,00
			6 160,04

Ou acquérir 2 droits pour souscrire 2 × 3 actions = 6 actions au total :

– avant :	14	440	6 160
– après :	20	423,64	8 472,80
achat de droits	2	16,36	– 32,72
achat d'actions	6	380	– 2 280,00
			6 160,08

APPLICATION 4 p. 323 Autofinancement et désinvestissement

1. Répondez de manière structurée aux deux interrogations du directeur.

La CAF répond à une logique d'autofinancement, c'est-à-dire à un flux potentiel de trésorerie issu de l'activité. La méthode soustractive est donc la plus appropriée à son calcul. La méthode additive permet d'aborder la notion à partir du résultat net comptable. Il faut cependant neutraliser les charges calculées qui ne donnent pas lieu à décaissement et, par conséquent, ajouter au résultat les dotations aux amortissements et aux provisions nettes de reprises.

Les opérations de désinvestissement entraînent des flux financiers pour leur prix de cession. La différence entre le prix de cession et la valeur comptable nette constitue le résultat de cession. Celui-ci ne représente pas un flux de trésorerie et ne doit donc pas être considéré comme un financement.

2. Quelles sont les principales motivations des opérations de désinvestissement ?

Les opérations de désinvestissement sont principalement motivées par une volonté stratégique de recentrage lorsqu'elles concernent des pans entiers d'activités regroupés au sein de filiales dans les groupes de sociétés. Désinvestir permet également d'obtenir des fonds pour financer d'autres opérations de croissance. Enfin le désinvestissement se justifie lorsque les immobilisations utilisées sont devenues obsolètes ou hors d'usage. Dans ce dernier cas, les biens sont souvent bradés, lorsqu'il existe un marché, ou détruits.

APPLICATION 5 p. 324] Emprunt *indivis*

1. Établissez le tableau d'emprunt.

Périodes	Capital début	Annuités	Intérêts	Amortissement	Capital fin
1	250 000	62 614,11	20 000	42 614,11	207 385,89
2	207 385,89	62 614,11	16 590,87	46 023,24	161 362,65
3	161 362,65	62 614,11	12 909,01	49 705,1	111 657,55
4	111 657,55	62 614,11	8 932,60	53 681,51	57 976,04
5	57 976,04	62 614,11	4 638,08	57 976,03	0

2. En utilisant un taux proportionnel, refaites le calcul d'emprunt sur la même période avec des paiements trimestriels (présentez uniquement les quatre premières lignes d'emprunt).

Taux proportionnel = $\frac{\text{taux annuel}}{k}$ avec k = nombre de périodes

Pour un taux annuel de 8 %, le taux proportionnel trimestriel = 8/4 = 2 % par trimestre.

Sur 5 ans, il y a : 5 x 4 trimestres, soit 20 trimestres.

Trimestrialité $t = 250\,000 \frac{0{,}02}{1-(1{,}02)^{-20}} = 15\,289{,}18$ €

Périodes	Capital début	Annuités	Intérêts	Amortissement	Capital fin
1	250 000,00	15 289,18	5 000,00	10 289,18	239 710,82
2	239 710,82	15 289,18	4 794,22	10 494,96	229 215,86
3	229 215,86	15 289,18	4 584,32	10 704,86	218 511,00
4	218 511	15 289,18	4 370,22	10 918,96	207 592,04

APPLICATION 6 p. 324] Emprunt *indivis* et calculs financiers

1. Calculez l'annuité.

Annuité : $a = 2\,000 \times \frac{0{,}08}{1-(1{,}08)^{-15}} = 233{,}66$ k€

2. Décomposez la première annuité en amortissement du capital et intérêt.

Intérêt = 2 000 × 8 % = 160,00 k€

Amortissement = 233,66 – 160,00 = 73,66 k€

3. **Calculez le montant du capital restant dû au début de la huitième année de l'emprunt.**

Capital restant dû après annuité de rang p = valeur acquise du capital initial à date *p* – somme des valeurs acquises des annuités à la date *p*

Capital dû au début de la huitième année :

$$2\,000 \times (1{,}08)^7 - 233{,}66 \times \frac{(1{,}08)^7}{0{,}08} = 1\,342{,}87 \text{ k€}$$

4. **Quelle est la part du capital remboursée dans la huitième annuité ?**

$mp = m1 \times (1 + i)^{p-1}$

$m8 = 73{,}66\ (1{,}08)^{7}$

$m8 = 126{,}24$ k€

APPLICATION 7 p. 324 Emprunt obligataire

1. **Rappelez ce qu'est une émission au pair et précisez si l'emprunt est émis au pair.**

Une émission au pair est une émission réalisée à la valeur nominale des obligations. L'emprunt n'est pas émis au pair mais à une valeur inférieure.

2. **Quel est le produit brut de l'émission ?**

Le produit brut de l'émission est le montant obtenu en multipliant le nombre d'obligations par le prix d'émission, soit ici : 20 000 × 4 990 € = 99 800 000 €.

3. **Calculez le montant de la prime de remboursement.**

La prime de remboursement est la différence entre le prix de remboursement et le prix d'émission, soit : 20 000 × (5 050 – 4 990) = 1 200 000 €.

4. **Lors de l'émission, quels sont les montants apparaissant au passif et à l'actif du bilan ?**

Lors de l'émission, le montant apparaissant au passif dans le compte 163. Emprunt obligataire correspond au montant à rembourser, soit :
20 000 × 5 050 € = 101 000 000 €. Le montant à l'actif correspond au compte 169 Prime de remboursement. À l'actif figurent également en charges à répartir les frais d'émission d'emprunt obligataire (compte 4816).

5. **Calculez le montant des intérêts courus au 31/12/N, date de fin d'exercice comptable.**

Intérêts courus au 31/12/N : 20 000 × 5 000 € × 9 % × 2/12 = 1 500 000 €.

6. **Qu'appelle-t-on une prise ferme ?**

Une prise ferme est l'engagement par la banque de verser à la société émettrice le montant brut de l'émission moins les frais.

7. Si la moitié des obligations est remboursée en N+4, quelle sera la base de calcul des intérêts au 31/12/N+4 ?

Si la moitié des obligations est remboursée en N+4, l'intérêt porte sur les obligations vivantes (c'est-à-dire celles qui restent à rembourser) :
10 000 × 5 000 × 9 % = 4 500 000 €.

APPLICATION 8 p. 325 Crédit-bail

Dressez les avantages et inconvénients de ce type d'opération. Ciblez ensuite votre réponse sur le matériel qu'il désire financer.

Le crédit-bail est un mode de financement externe au même titre que l'emprunt. Plus facile à obtenir, il finance l'intégralité du projet et est particulièrement adapté aux investissements n'ayant pas de caractère stratégique comme le matériel de bureau, le matériel de transport ou encore les locaux administratifs et techniques. Sa facilité d'octroi peut cependant mettre l'entreprise dans une situation de surendettement car peu de contrôle s'exerce sur la société (contrairement à un emprunt auprès d'une banque). La location en crédit-bail de photocopieurs est couramment pratiquée et permet d'avoir du matériel récent et bénéficiant d'une maintenance régulière sans qu'il soit nécessaire de mettre en place un service interne dédié.

CHAPITRE

13

Les contraintes de financement

APPLICATION 1 p. 348 QCM

Choisissez la ou les réponses exactes.

1. **Les contraintes imposées par les créanciers concernent :**

   a. l'endettement maximal qui ne doit pas être supérieur au montant des capitaux propres.

   b. la capacité de remboursement des dettes financières.

   c. le poids des charges d'intérêts dans le chiffre d'affaires.

2. **Le portefeuille d'activités stratégiques doit être agencé de façon à :**

   a. atteindre l'équilibre économique.

   b. mixer les produits stars et les produits dilemmes.

   c. engendrer indirectement l'équilibre financier.

3. **Un niveau élevé de charges fixes dans le total des charges :**

   a. fait courir un risque important car une variation de l'activité se répercute fortement sur le résultat.

4. **Le levier d'exploitation est calculé en mesurant :**

   a. la sensibilité du résultat d'exploitation (RE) par rapport au chiffre d'affaires (CA).

   b. l'élasticité du résultat d'exploitation pour une variation du chiffre d'affaires.

5. Lorsque l'on utilise les probabilités pour mesurer le risque d'exploitation, celui-ci :

a. est mesuré par l'écart type du résultat d'exploitation (σRE).

b. dépend de l'espérance mathématique E (CA) et de l'écart type (σCA) du chiffre d'affaires.

c. est mesuré par l'écart type de la rentabilité économique (σre).

6. Le risque financier est d'autant plus important que :

b. l'endettement est important.

c. les taux d'intérêt sont élevés.

7. Le risque total est mesuré par :

a. l'addition de l'écart type du risque d'exploitation et de celui de l'endettement.

c. la variation du résultat courant.

8. L'analyse financière classique repose entre autres sur la ou les règles suivantes :

a. Les capitaux investis doivent être financés par des ressources à long terme (> 1 an) ou par des capitaux permanents.

b. Les fonds propres doivent constituer l'essentiel des capitaux permanents.

c. Les emprunts à moyen et long terme doivent être remboursés en 3 à 4 ans avec la CAF.

9. La solvabilité générale vérifie :

a. la marge de sécurité existante entre les actifs à moins d'un an et le passif à moins d'un an.

10. Les créanciers se garantissent contre le risque de défaillance par :

a. des sûretés réelles sur les choses.

b. des sûretés personnelles.

c. des droits accessoires sur les choses et les personnes.

APPLICATION 2 p. 349 Seuil de rentabilité, effet de levier et risque

1. Calculez le seuil de rentabilité d'exploitation de la société.

Compte de résultat société Bibou (en k€)

Chiffre d'affaires hors taxes (CA HT)	17 000,00
Marge sur coût variable (MCV)	7 140,00
Taux de MCV	42,00 %
Frais fixes	4 600,00
Résultat d'exploitation	2 540,00
Frais financiers	560,00
Résultat courant avant impôt	1 980,00
IS	660,00
Résultat net comptable	1 320,00
Actif économique	20 000,00
Fonds propres	12 000,00
Dettes financières	8 000,00

Seuil de rentabilité d'exploitation : SR = CF/tMCV = 4 600/0,42 = 10 952,38

2. Déterminez l'élasticité du résultat d'exploitation par rapport au chiffre d'affaires (ou levier d'exploitation).

Élasticité du RE au CA (levier d'exploitation) :
e = CA/(CA – SR) = 17 000/(17 000 – 10 952) = 2,81

Si le CA baisse de 5 %, le RE baissera de 2,81 × 5 % = 14,05 %.

3. Calculez le taux de rentabilité économique et le taux de rentabilité financière.

Re avant impôt :	Re = RE/actif	2 540/20 000 = 12,70 %
Re après impôt :	Re × 2/3	12,70 % × 2/3 = 8,47 %
Rf :	Rf = RNC/CP	1 320/12 000 = 11,00 %
Démonstration Rf :	[Re + (Re–i) D/CP] 2/3	[12,7 + (12,7 – 7) 8/12] 2/3 = 11,00 %

4. Calculez la baisse de la rentabilité financière dans le cas où la rentabilité d'exploitation (Re) diminuerait de 20 %.

Baisse de la Re de 20 % : Re × –20 % = 12,70 % × –20 % = –2,54 points

Le RE baisse de 20 %, donc le CA a baissé de 20 %/2,81 = 7,11 %.

Variation Rf = var. Re nette IS + var. Re x D/CP nette d'IS :
(–2,54 %) × 2/3 + (–2,54 %) × 8/12 × 2/3 = –2,82 points

Vérification de la Rf si la Re baisse de 20 % :
[10,16 + (10,16 – 7) 8/12] × 2/3 = 8,18 %

Baisse de Rf indépendante de l'endettement :
Var Re × 2/3 = –2,54 × 2/3 = –1,69 point

Baisse de Rf due à l'endettement :
Var Re × D/CP × 2/3 = –2,54 × 8/12 × 2/3 = –1,13 point

5. **Déterminez la probabilité que le seuil de rentabilité ne soit pas atteint avec un niveau d'activité qui suit une loi normale d'espérance mathématique 16 000 et d'écart type 6 000.**

6. **Calculez l'espérance mathématique et l'écart type du résultat d'exploitation, du résultat net, de la rentabilité économique et de la rentabilité financière.**

Espérance mathématique du RE :	E (CA) × tMCV – FF	(16 000 x 42 %) – 4 600 = 2 120,00
Écart type du RE :	ectype (CA) × tMCV	6 000 x 42 % = 2 520,00
Espérance mathématique de la Re :	E (RE)/actif	2 120/20 000 = 10,60 %
Écart type de la Re :	ectype (RE)/actif	2 520/20 000 = 12,60 %
Espérance mathématique du RNC :	[E (CA) × tMCV – FF – Ffi] × 2/3	[(16 000 x 42 %) – 4 600 – 560] 2/3 = 1 040,00
Écart type du RNC :	[ectype (CA) × tMCV] × 2/3	[(6 000 x 42 %] × 2/3 = 1 680,00
Espérance mathématique de la Rf :	E (RNC)/CP	1 040/12 000 = 8,67 %
Écart type de la Rf :	ectype (RNC)/CP	1 680/12 000 = 14,00 %
Probabilité que le SR ne soit pas atteint :	P [10 952 < 0] P [t < (SR – E (CA)/ectype (CA)] P [t < (10 952 – 16 000/6 000)] P [t < –0,8413] 1 – P [t < 0,8413]	1 – 0,7995 = 20,05 %

7. **Commentez les résultats obtenus.**

La probabilité que le seuil de rentabilité ne soit pas atteint est de 20,05 %. Cet indicateur, qui mesure le risque, doit être comparé à d'autres entreprises du même secteur et suivi dans le temps au sein de l'entreprise Bibou.

APPLICATION 3 p. 349] Seuil de rentabilité, élasticité, position et risque

1. **Établissez le compte de résultat en distinguant le résultat d'exploitation, le résultat courant, le résultat net comptable pour les deux types de financement en présentant pour chacun d'eux : la situation initiale N, une hypothèse d'évolution du chiffre d'affaires en recul de 10 % et une hypothèse de progression de 10 %.**

2. **Calculez la rentabilité d'exploitation et la rentabilité financière pour les six hypothèses.**

3. Calculez le seuil de rentabilité d'exploitation et le seuil de rentabilité global à partir du résultat courant en considérant que les charges financières sont fixes.

4. Déterminez l'élasticité du résultat d'exploitation par rapport au chiffre d'affaires.

Élasticité d'exploitation : CA/CA–SR	5,36	10,38	3,84	5,36	10,38	3,84
Élasticité globale : CA/CA–SRG	5,36	10,38	3,84	7,89	33,75	4,85

5. Calculez la position de l'entreprise ou indice de sécurité.

	Financement propre à 100 %			Capitaux propres 50 %, endettement 50 %		
	Initial	– 10 %	+ 10 %	Initial	– 10 %	+ 10 %
Capitaux investis	400,00	400,00	400,00	400,00	400,00	400,00
Capitaux propres	400,00	400,00	400,00	200,00	200,00	200,00
Chiffre d'affaires (CA)	750,00	675,00	825,00	750,00	675,00	825,00
Marge sur coût variable (MCV)	300,00	270,00	330,00	300,00	270,00	330,00
Frais fixes	244,00	244,00	244,00	244,00	244,00	244,00
Résultat d'exploitation (RE)	**56,00**	**26,00**	**86,00**	**56,00**	**26,00**	**86,00**
Frais financiers				18,00	18,00	18,00
Résultat courant avant impôt (RCAI)	**56,00**	**26,00**	**86,00**	**38,00**	**8,00**	**68,00**
IS	18,67	8,67	28,67	12,67	2,67	22,67
Résultat net comptable (RNC)	**37,33**	**17,33**	**57,33**	**25,33**	**5,33**	**45,33**
Rentabilité économique avant IS	14,00	6,50	21,50	14,00	6,50	21,50
Rentabilité économique après IS	9,33	4,33	14,33	9,33	4,33	14,33
Rentabilité financière	9,33	4,33	14,33	12,67	2,67	22,67
Seuil de rentabilité (SR)	**610,00**	**610,00**	**610,00**	**610,00**	**610,00**	**610,00**
Seuil de rentabilité global (SRG)	**610,00**	**610,00**	**610,00**	**655,00**	**655,00**	**655,00**
Position par rapport au SR : CA–SR/SR	**22,95 %**	**10,66 %**	**35,25 %**	**22,95 %**	**10,66 %**	**35,25 %**
Position par rapport au SRG : CA–SRG/SRG	**22,95 %**	**10,66 %**	**35,25 %**	**14,50 %**	**3,05 %**	**25,95 %**

6. Calculez, pour les deux modes de financement, la probabilité que le seuil de rentabilité global (SRG) ne soit pas atteint avec un niveau d'activité représenté par le chiffre d'affaires suivant une loi normale d'espérance mathématique 750 et d'écart type 180.

	Fonds propres	Financement mixte
Changement de variable : Z = (CA–E)/ectype	(610 – 750)/180 –0,7778	(655 – 750)/ 180 –0,5278
Estimation des probabilités par la loi normale centrée réduite N (0,1)	P (Z < –0,7778) 1 – P (Z < 0,7778) 1 – 0,7823 0,2171	P (Z < – 0,5278) 1 – P (Z < 0,5278) 1 – 0,7019 0,2981
Probabilité que le SRG ne soit pas atteint	**21,71 %**	**29,81 %**

7. Faites un commentaire sur le risque à partir de chaque critère étudié.

8. Quelle est l'influence de l'endettement sur le risque ?

La probabilité étant plus importante dans le cas de l'entreprise endettée, le risque est plus élevé.

Notons que la probabilité que le SR d'exploitation ne soit pas atteint est identique au financement par fonds propres car il n'y a pas de frais fixes supplémentaires (frais financiers) à couvrir.

La différence de probabilité correspond donc au risque lié à l'endettement.

Rentabilité économique et rentabilité financière

Lorsque la rentabilité économique (4,33 %) est inférieure au coût de la dette après impôt (9 % x 2/3 = 6 %), l'effet de levier joue négativement et entraîne une diminution de la rentabilité financière (2,67 %).

Rentabilité et risque

Une variation de 20 % du CA autour de l'activité prévue entraîne une variation de 10 % de la rentabilité financière (idem rentabilité économique) quand l'entreprise n'est pas endettée, et une variation de 20 % de la rentabilité financière quand l'entreprise est endettée.

Le risque financier est donc 2 fois supérieur au risque d'exploitation.

Le supplément de rentabilité financière de l'entreprise endettée est donc la rémunération du risque lié à l'endettement.

La position comme indicateur de risque

La position de l'entreprise se dégrade quand il y a endettement car les charges financières sont considérées comme fixes.

Quand l'élasticité augmente (ou quand la position est faible), le risque devient plus important.

Plus l'entreprise s'éloigne de son SR ou SRG, plus l'élasticité est faible, traduisant une diminution du risque.

APPLICATION 4 p. 350 Analyse du risque par l'approche patrimoniale

Déterminez les ratios relatifs aux données sectorielles puis commentez la situation financière de l'entreprise en N–1 et en N.

Bilans financiers (optique liquidité) et analyse du risque d'illiquidité

Bilan financier société Zatoichi au 31/12/N–1

Actif	Net	Passif	Net
Actif réel net à + 1 an	135,00	Capitaux propres corrigés	198,00
Immobilisations corporelles	90,00	Capital – Immobilisations incorporelles	162,00
Immobilisations financières	45,00	Réserves	36,00
		Résultat = dividendes versés en N	
Stocks	162,00		
Stocks	162,00		
		Dettes à long terme	147,60
Valeurs réalisables	237,60	Emprunt à + 1 an	147,60
Clients	216,00		
Créances diverses	21,60	Dettes à court terme	243,00
		Fournisseurs	144,00
		Dettes fiscales & sociales	36,00
Valeurs disponibles	54,00	Dettes diverses	27,00
Valeurs mobilières de placement	50,40	Provisions pour risques	18,00
Disponibilités	3,60	Crédits bancaires courants	14,40
		Dividendes à payer	3,60
Total actif	**588,60**	**Total passif**	**588,60**

Bilan financier société Zatoichi au 31/12/N

Actif	Net	Passif	Net
Actif réel net à + 1 an	208,80	Capitaux propres corrigés	196,20
Immobilisations corporelles	126,00	Capital – Immobilisations incorporelles	169,20
Immobilisations financières	82,80	Réserves	36,00
		Résultat	–9,00
Stocks	198,00		
Stocks	198,00		
		Dettes à long terme	234,00
Valeurs réalisables	285,66	Emprunt à + 1 an	234,00
Clients	270,00		
Créances diverses	15,66	Dettes à court terme	262,80
		Fournisseurs	135,00
		Dettes fiscales & sociales	43,20
		Dettes diverses	32,40
		Provisions pour risques	16,20
		Crédits bancaires courants	36,00
Valeurs disponibles	0,54		
Disponibilités	0,54		
Total actif	**693,00**	**Total passif**	**693,00**

Autonomie financière : endettement LMT / Capitaux propres corrigés < 1

N–1 : 147,6/201,6 = 0,73

N : 234/196,2 = 1,19

Secteur : 0,92

Capacité de remboursement

Endettement LT/CAF N–1 : 147,60/57,6 = 2,56

Endettement LT/CAF N : 234/52,20 = 4,48

Secteur : 3,2

Poids des intérêts dans le chiffre d'affaires

N–1 : 21,60/1 170 x 100 = 1,8 %

N : 37,80/1 216,80 x 100 = 3,1 %

Secteur : 1,80 %

Taux de couverture de l'actif immobilisé par les capitaux permanents

FDRP = actif circulant – dettes CT

ou

FDRP = capitaux permanents – valeurs immobilisées nettes

N–1 : 345,6/135 = 2,56

N : 430,2/208,8 = 2,06

Secteur : 2,2

Solvabilité générale = actif à moins d'un an – passif à moins d'un an

N–1 : 453,6/243 = 1,87

N : 484,2/262,8 = 1,84

Secteur : 2,1

Solvabilité réduite = actif à moins d'un an – stocks – dettes à moins d'un an

N–1 : 291,6/243 = 1,20

N : 286,2/262,8 = 1,09

Secteur : 1,6

Solvabilité immédiate = (VMP + disponibilités) / dettes à moins d'un an

N–1 : 291,6/243 = 1,20

N : 0,54/262,8 = 0,002

Secteur : 0,38

Globalement, les ratios d'autonomie et de solvabilité se dégradent entre N–1 et N. Ces indicateurs étaient proches, voire meilleurs, que ceux du secteur en N–1 mais l'endettement supplémentaire et le manque de disponibilité en N ont contribué à fragiliser la structure financière de l'entreprise. L'autonomie financière proche du secteur en N–1 se dégrade en N et l'endettement est devenu plus important que le montant des capitaux propres corrigés. Alors qu'il fallait 2 ans et demi de

CAF pour rembourser les dettes à long terme en N–1, il en faut maintenant plus de 4 et demi. Corrélativement, le poids des charges financières dans le chiffre d'affaires est plus élevé et représente 3 % contre moins de 2 % (identique au secteur) en N–1. Le taux de couverture des immobilisations se dégrade légèrement, bien que le montant des ressources à long terme progresse. Les ratios de solvabilité, déjà inférieurs au secteur en N–1, sont également en recul. Attention cependant à l'aspect statique de ce type d'analyse qui donne une vision figée, à un moment donné, de la structure financière de l'entreprise.

CHAPITRE

14

La structure du financement

APPLICATION 1 p. 369 QCM

Choisissez la ou les réponses exactes.

1. **Les ressources au bilan comprennent :**

   a. les capitaux propres et l'ensemble des dettes.

2. **Le coût du capital représente :**

   c. la moyenne pondérée des capitaux propres et des dettes financières.

3. **Le coût d'un emprunt *indivis* correspond :**

   a. au taux actuariel calculé d'après les flux de trésorerie.

   b. au taux pour lequel la recette équivaut aux dépenses de contrepartie actualisées.

   c. au taux nominal net d'impôt.

4. **Le coût d'un emprunt obligataire intègre :**

   a. les économies d'impôt sur l'amortissement des primes de remboursement.

   b. les frais d'émission réalisés au comptant.

   c. le paiement annuel des intérêts et les économies d'impôt correspondantes.

5. **Les pertes d'économies d'impôt sur les amortissements, dans le cadre du coût du crédit-bail, correspondent :**

   b. aux amortissements que pratiquerait l'entreprise si elle possédait le bien loué.

6. **Le coût du crédit-bail est calculé selon une méthode :**

   a. analogue au TRI.

   b. reposant sur l'actualisation de flux annuels de trésorerie.

   c. consistant à déterminer le taux pour lequel dépenses et recettes actualisées sont égales.

7. La méthode de Gordon et Shapiro considère que :

c. les dividendes progressent sur un horizon infini.

8. Modigliani et Miller :

a. s'opposent à l'approche traditionnelle du coût du financement.

b. émettent l'hypothèse que les marchés sont efficients.

c. considèrent que la structure du financement n'a pas d'incidence sur le coût du capital.

9. La valeur d'une entreprise endettée, selon Modigliani et Miller, est la même que celle :

b. d'une entreprise non endettée augmentée de l'économie d'impôt sur l'endettement.

APPLICATION 2 p. 370 Coût d'un emprunt *indivis*

1. Démontrez que le taux actuariel de l'emprunt correspond au taux nominal net d'impôt.

Tableau d'emprunt (emprunt 12 000 € sur 6 ans à 4,5 % ; annuités constantes en fin de période)

Années	Capital restant	Annuités	Intérêts	Remboursements
1	12 000,00	2 326,54	540,00	1 786,54
2	10 213,46	2 326,54	459,61	1 866,93
3	8 346,53	2 326,54	375,59	1 950,95
4	6 395,58	2 326,54	287,80	2 038,74
5	4 356,84	2 326,54	196,06	2 130,48
6	2 226,36	2 326,54	100,19	2 226,35
				12 000,00

Calcul du taux actuariel de l'emprunt net d'impôt sur les sociétés (IS)

Annuités	Économies d'IS/intérêts	Décaissements
2 326,54	180,00	2 146,54
2 326,54	153,20	2 173,34
2 326,54	125,20	2 201,34
2 326,54	95,93	2 230,61
2 326,54	65,35	2 261,19
2 326,54	33,40	2 293,14

Taux actuariel

$12\,000 = 2\,146{,}54\,(1+i)^{-1} + 2\,173{,}34\,(1+i)^{-2} + 2\,201{,}34\,(1+i)^{-3}$
$+ 2\,230{,}61(1+i)^{-4} + 2\,261{,}19\,(1+i)^{-5} + 2\,293{,}14\,(1+i)^{-6}$
= 3,00 %

Le taux actuariel de l'emprunt correspond bien au taux d'intérêt net d'impôt sur les sociétés (IS) : 4,5 % × (1 – 33,33 %) = 3 %.

2. La règle est-elle la même si l'emprunt est remboursable par amortissements constants ? Justifiez votre réponse par un calcul démontrant votre résultat.

Années	Capital restant	Annuités	Intérêts	Remboursements
1	12 000,00	2 540,00	540,00	2 000,00
2	10 000,00	2 450,00	450,00	2 000,00
3	8 000,00	2 360,00	360,00	2 000,00
4	6 000,00	2 270,00	270,00	2 000,00
5	4 000,00	2 180,00	180,00	2 000,00
6	2 000,00	2 090,00	90,00	2 000,00
				12 000,00

Annuités	Économies d'IS/ intérêts	Décaissements
2 540,00	180,00	2 360,00
2 450,00	150,00	2 300,00
2 360,00	120,00	2 240,00
2 270,00	90,00	2 180,00
2 180,00	60,00	2 120,00
2 090,00	30,00	2 060,00

$12\,000 = 2\,360\,(1+i)^{-1} + 2\,300\,(1+i)^{-2} + 2\,240\,(1+i)^{-3} + 2\,180\,(1+i)^{-4}$
$+ 2\,120\,(1+i)^{-5} + 2\,060\,(1+i)^{-6}$
= 3,00 %

Le taux actuariel net d'impôt est de 3 %, soit le taux d'intérêt net d'impôt. Les modalités d'emprunt ne changent donc pas le raisonnement sur les économies d'impôt relatives aux charges financières. Un amortissement in fine aurait donné le même résultat.

APPLICATION 3 p. 370 Coût du crédit-bail

Première hypothèse

Calculez le taux actuariel du crédit-bail.

Années	Redevances	Économies d'IS	Perte d'économies d'IS	Décaissements
1	37,075	12,358	10,000	34,717
2	37,075	12,358	10,000	34,717
3	37,075	12,358	10,000	34,717
4	37,075	12,358	10,000	34,717
5	37,075	12,358	10,000	34,717

Économies d'impôt = 37,075 k€ × 33,33 %

Perte d'économie d'impôt sur dotations aux amortissements = 150 k€ × 1/5 × 33,33 %

Coût actuariel du crédit-bail : $150 = 34{,}717 \times [1-(1+i)^{-5}]/i = 5{,}07\ \%$

Deuxième hypothèse

Le travail à faire est le même mais les redevances sont payées en début de période.

Années	Redevances	Économies d'IS	Perte d'économies d'IS	Décaissements
0	37,075	12,358		24,717
1	37,075	12,358	10,000	34,717
2	37,075	12,358	10,000	34,717
3	37,075	12,358	10,000	34,717
4	37,075	12,358	10,000	34,717
5			10,000	10,000

Économies d'impôt = 37,075 k€ × 33,33 %

Perte d'économie d'impôt sur dotations aux amortissements
= 150 k€ × 1/5 × 33,33 %

Coût actuariel du crédit-bail :

$150 - 24{,}717 = 34{,}717 \times [1 - (1+i)^{-4}/i] + 10 \times (1+i)^{-5} = 6{,}81\ \%$

Le fait de payer les redevances de crédit-bail en début de période renchérit le coût du financement.

Troisième hypothèse

Le travail à faire est identique à celui de l'hypothèse 1 en supposant que les redevances sont payables en fin de période (hypothèse 1) mais que la société lève une option d'achat en fin de contrat pour une valeur de 15 k€. Le bien ainsi acquis serait alors amorti l'année suivante.

Présentation avec périodes en colonnes et montants versés négatifs :

	0	1	2	3	4	5	6
Loyers		–37,075	–37,075	–37,075	–37,075	–37,075	
Éco IS/loyers		12,358	12,358	12,358	12,358	12,358	
Perte IS/amortnt		–10,000	–10,000	–10,000	–10,000	–10,000	
Éco/achat	150,000						
Achat fin contrat						–15,000	
Éco IS/amortnt							5,000
Flux de trésorerie	**150,000**	**–34,717**	**–34,717**	**–34,717**	**–34,717**	**–49,717**	**5,000**

Le coût du crédit–bail est de :

$150 = 34{,}717(1 + i)^{-1} + 34{,}717(1 + i)^{-2} + 34{,}717(1 + i)^{-3} + 34{,}717(1 + i)^{-4}$

$+ 49{,}717\ (1 + i)^{-5} - 5\ (1 + i)^{-6}$

$= 6{,}93\ \%$

APPLICATION 4 p. 370 Coût du capital

1. Calculez le coût des fonds propres et rappelez quel est celui des dettes financières.

Le coût des fonds propres évalué selon le modèle actuariel est de :
20,40/255 × 100 = 8 %.

Le coût des dettes financières est de 3 % selon les résultats de l'application 2.

2. Quel est le coût du capital ?

Le coût du capital est de : (12 000 × 3 %) + (24 000 × 8 %)/36 000 = 6,33 %.

3. À quoi sert le taux trouvé dans la question 2 ?

Le coût du capital correspond au taux d'actualisation à retenir pour déterminer la rentabilité des projets d'investissement et notamment la valeur actuelle nette (VAN). Il correspond à la moyenne pondérée des différentes sources de financement du projet.

4. Répondez à la même question qu'en 2 mais en considérant que le dividende progresse à un taux de 2 %.

Si les dividendes progressent à un taux de 2 %, le coût des fonds propres selon Gordon et Shapiro est de : [(20,40 / 255) + 0,02] × 100 = 10 %.

Le coût du capital est alors de : (3 % × 1/3) + (10 % × 2/3) = 7,67 %.

APPLICATION 5 p. 371 Choix de financement et coût du capital

1. Calculez le coût de l'emprunt après IS.

Coût de l'emprunt après IS : 7 % × 2/3 = 4,67 %

2. Calculez le taux actuariel du crédit-bail.

	0	1	2	3	4	5
Loyers		–150,00	–150,00	–150,00	–150,00	
Économie d'IS/loyers		50,00	50,00	50,00	50,00	
Perte IS/amortissement		–33,33	–33,33	–33,33	–33,33	–33,33
Économie/achat	500,00					
Achat fin contrat					–20,00	
Économie d'IS/amortissement						6,67
	500,00	**–133,33**	**–133,33**	**–133,33**	**–153,33**	**–26,66**

Taux actuariel : 5,82 % (voir la méthode de calcul dans les exercices précédents et dans le cours du manuel).

3. Calculez le coût du capital pour chacun des types de financement.

Coût du capital pour le financement par emprunt (350 k€) et capitaux propres (150 k€) :

k = [(350 × 4,67 %) + (150 × 10 %)]/500 = 6,27 %.

Coût du capital pour le financement par crédit-bail :

k = [(500 × 5,82 %) + (0 × 10 %)]/500 = 5,82 %.

Le financement par crédit-bail est moins onéreux que le financement mixte par fonds propres et par endettement.

APPLICATION 6 p. 371 Structure financière et coût du capital

1. Calculez le taux de rentabilité économique espéré, le coût des capitaux propres et celui du capital.

Compte de résultat (en k€)

Résultat économique	450
Charges financières	60
Résultat courant	390

Le taux de rentabilité économique est de : 450/3 000 × 100 = 15 %.

Le coût des capitaux propres correspond aux dividendes attendus. Ceux-ci proviennent du résultat non mis en réserve, soit :

Compte de résultat (en k€)

Résultat économique	450
Charges financières	60
Résultat courant	390

Coût des capitaux propres :

390/2 000 × 100 = 19,50 %

Coût du capital :

k = [(2 000 × 19,50 %) + (1 000 × 6 %)]/3 000 = 15 %

2. Démontrez que le coût du capital correspond au taux de rentabilité économique espéré en calculant le coût des capitaux propres espéré par la formule de l'effet de levier.

Dans la formule de l'effet de levier, le coût des capitaux propres est représenté par la rentabilité financière, soit :

rf = re + (re – i) × D/CP

rf = 15 % + (15 % – 6 %) × 1/2 = 19,50 %

Le coût du capital est alors de :

[(2 000 × 19,50 %) + (1 000 × 6 %)] / 3 000 = 15 %

En l'absence d'imposition, le coût du capital correspond au taux de rentabilité économique, il est indépendant de la structure financière (voir Modigliani et Miller).

3. Quels sont les montants du résultat économique, des frais financiers et des dividendes si l'on suppose que le résultat net est distribué ?

Le résultat net est ici le résultat courant car la société est non imposée. Si le résultat net est distribué, le résultat économique demeure à 450 k€, les frais financiers à 60 k€ et les dividendes sont alors de 390 k€.

4. La société est imposée au taux de 33,33 %. Calculez le coût des capitaux propres et le coût du capital par la formule de l'effet de levier.

Dans le cadre d'une imposition au taux de 33,33 %, calculons le coût du capital et le coût des capitaux propres par la formule de l'effet de levier.

Selon la proposition de Modigliani et Miller, en présence d'imposition, la valeur d'une entreprise endettée est supérieure à celle d'une entreprise non endettée. Ce supplément de valeur correspond à l'économie d'impôt sur emprunt. Étant donné que les revenus des dettes sont fixes, ce supplément bénéficie aux actionnaires et accroît d'autant les capitaux propres.

La valeur de l'entreprise endettée progresse du montant des économies d'impôt sur les dettes financières soit : 1 000 × 33,1/3 % = 333,33.

5. Vérifiez vos résultats par l'établissement d'un bilan et d'un compte de résultat.

Bilan (en k€)

Actif économique	3 333
Capitaux propres	2 333
Dettes financières	1 000

Compte de résultat (en k€)

Résultat économique	450
Charges financières	60
Résultat courant	390
IS	130
Résultat net	260

Calcul des rentabilités économique (re) et financière (rf ou coût des capitaux propres) et du coût du capital (k)

re après IS : (450 × 66,67 %)/3 333 = 9 %

rf après IS : 260/2 333 = 11,14 %

Taux d'intérêt = 6 % × 66,67 % = 4 %

Coût du capital

k = (11,14 % × 2 333/3 333) + (4 % × 1 000/3 333) = 9 %

Le coût des capitaux propres par la formule de l'effet de levier est de :

rf = [13,50 % + (13,50 % – 6 %) × 1 000/2 333] × 66,67 % = 11,14 %.

CHAPITRE

15

Le plan de financement

APPLICATION 1 p. 389 QCM

Choisissez la ou les réponses exactes.

1. **Le plan de financement est un document :**

   a. demandé par les partenaires financiers de l'entreprise avant l'octroi de prêt ou l'apport en capital.

   b. obligatoire pour les entreprises d'une certaine taille.

2. **Le contenu du plan de financement comprend les mêmes rubriques que celles :**

   a. présentées dans le tableau de financement.

   b. déterminées pour calculer les cash-flows d'un projet d'investissement.

3. **La logique du plan de financement repose sur :**

   a. la notion d'équilibre financier par confrontation des variations du FRNG et de celles du BFR.

4. **Le plan de financement permet :**

   a. de valider financièrement la stratégie de l'entreprise.

   b. de réduire l'asymétrie d'information entre les dirigeants et les pourvoyeurs de fonds.

   c. de contrôler la cohérence des décisions à long terme et à court terme.

5. **La réalisation du plan de financement est :**

   b. parfois établie en plusieurs étapes.

6. **Le plan de financement ne peut être réalisé :**

   b. qu'après avoir effectué les prévisions relatives à l'activité, aux investissements et au financement.

7. Le bilan et le compte de résultat prévisionnels à l'issue du projet :

b. sont réalisés d'après la dernière année du plan de financement.

8. Le plan de financement ne comprend pas de colonne pour le début de l'année N car :

b. ses rubriques ne font pas l'objet d'actualisation.

9. La trésorerie cumulée apparaissant en fin de période :

c. peut être négative en début de plan.

APPLICATION 2 p. 390 Création d'entreprise et plan de financement

1. Établissez le plan de financement sur 5 ans.

Tableau d'emprunt

	1	2	3	4	5
Capital de début	12 000,00	10 073,16	7 934,36	5 560,30	2 925,08
Annuités	3 246,84	3 246,84	3 246,84	3 246,84	3 246,84
Intérêts	1 320,00	1 108,05	872,78	611,63	321,76
Amortissement	1 926,84	2 138,80	2 374,06	2 635,21	2 925,08

Annuités constantes

Libellés	Variables
Durée	5 ans
Taux	11,00 %
Capital	12 000 k€
Annuité	3 246,8 k€

Compte de résultat

	1	2	3	4	5
CA HT	660 000,00	726 000,00	798 600,00	878 460,00	966 306,00
Coût d'achat	440 000,00	484 000,00	532 400,00	585 640,00	644 204,00
Marge sur prix achat	220 000,00	242 000,00	266 200,00	292 820,00	322 102,00
Loyer	6 000,00	6 000,00	6 000,00	6 000,00	6 000,00
Autres charges fixes	4 800,00	5 040,00	5 292,00	5 556,60	5 834,43
DA/frais Ets	500,00	500,00			
DA/Installations	1 200,00	1 200,00	1 200,00	1 200,00	1 200,00
Charges financières	1 320,00	1 108,05	872,78	611,63	321,76
Résultat courant	206 180,00	228 151,95	252 835,22	279 451,77	308 745,81
CAF hors ch. financières	209 200,00	230 960,00	254 908,00	281 263,40	310 267,57

Évolution du BFRE

	1	2	3	4	5
Stocks	200 000,00	161 333,33	177 466,67	195 213,33	214 734,67
Fournisseurs	109 633,33	120 596,66	132 656,33	145 921,96	160 514,16
BFRE	90 366,67	40 736,67	44 810,34	49 291,37	54 220,51
Accroissement du BFRE	90 366,67	-49 630,00	4 073,67	4 481,03	4 929,14

Plan de financement

	1	2	3	4	5
Investissements	–15 000,00				
Accroissement du BFRE	–90 366,67		– 4 073,67	–4 481,03	–4 929,14
Annuités d'emprunt		–3 246,84	–3 246,84	–3 246,84	–3 246,84
Besoins	–105 366,67	–3 246,84	–7 320,51	–7 727,87	–8 175,98
CAF	209 200,00	230 960,00	254 908,00	281 263,40	310 267,57
Capital	10 000,00				
Emprunt	12 000,00				
Accroissement du BFRE		49 630,00			
Ressources	231 200,00	280 590,00	254 908,00	281 263,40	310 267,57
Solde	125 833,33	277 343,16	247 587,49	273 535,53	302 091,59
Solde cumulé	125 833,33	403 176,49	650 763,98	924 299,51	1 226 391,10

2. La création d'entreprise est-elle à même de s'équilibrer financièrement ?

L'activité est profitable au niveau de l'exploitation et du résultat net.

Financièrement, la structure est équilibrée car le FRNG couvre le BFR, ce qui engendre une trésorerie positive.

Aucun frais de personnel n'a été pris en considération. Cependant, les résultats annuels permettent de couvrir un niveau élevé de rémunération et de charges sociales.

3. Présentez le bilan prévisionnel en fin d'année 5.

Actif		Passif	
Immobilisations	15 000,00	Capital Réserves Résultat Amortissements transférés	10 000,00 966 618,96 308 745,81 7 000,00
BFRE	54 220,51	Emprunt Intérêts courus non échus	2 925,08 321,76
Trésorerie	1 226 391,10		
Total	**1 295 611,61**	**Total**	**1 295 611,61**

APPLICATION 3 p. 390 Groupe de sociétés et plan de financement

1. Présentez l'ensemble des calculs et le plan de financement sur 5 ans.

Tableau d'emprunt

	2	3	4	5	6
Capital de début	3 000,00	2 523,05	1 991,26	1 398,31	737,17
Annuité	821,95	821,95	821,95	821,95	821,95
Intérêts	345,00	290,15	228,99	160,81	84,77
Amortissement	476,95	531,79	592,95	661,14	737,17

Évolution du BFRE

	1	2	3	4	5
Chiffre d'affaires	3 000,00	8 400,00	9 900,00	11 700,00	12 600,00
BFRE	500,00	1 400,00	1 100,00	1 300,00	1 400,00
Accroissement du BFRE	500,00	900,00	–300,00	200,00	100,00

Compte de résultat

	1	2	3	4	5
CA HT	3 000,00	8 400,00	9 900,00	11 700,00	12 600,00
Charges variables	750,00	2 100,00	2 475,00	2 925,00	3 150,00
Charges fixes	2 500,00	4 500,00	6 000,00	7 000,00	7 000,00
DA constructions	90,00	90,00	90,00	90,00	90,00
DA matériels	100,00	250,00	250,00	250,00	250,00
Charges financières	345,00	290,15	228,99	160,81	84,77
Résultat courant	785,00	1 169,85	856,01	1 274,19	2 025,23
IS	0	128,28	285,34	424,73	675,08
Résultat net	–785,00	1 041,57	570,67	849,46	1 350,15
CAF hors ch. financières	–250,00	1 671,72	1 139,66	1 350,27	1 774,92

Plan de financement

	1	2	3	4	5
Terrain	800,00				
Construction	900,00	900,00			
Matériel	600,00	450,00	450,00		
Accroissement du BFRE	500,00	900,00		200,00	100,00
CAF négative hors ch. financières	250,00				
Annuités d'emprunt		821,95	821,95	821,95	821,95
Besoins	3 050,00	3 071,95	1 271,95	1 021,95	921,95
CAF hors ch. financières		1 671,72	1 139,66	1 350,27	1 774,92
Emprunt	3 000,00				
Ressource en FRE			300,00		
Ressources	3 000,00	1 671,72	1 439,66	1 350,27	1 774,92
Solde	–50,00	–1 400,23	167,72	328,32	852,98
Solde cumulé	–50,00	–1 450,23	–1 282,51	–954,19	–101,21

Le plan est déséquilibré sur l'ensemble des années. L'apport en capital devrait permettre de rétablir la situation en prenant toutefois en compte les dividendes à verser.

2. La société Brooklyn décide d'apporter la totalité du capital de sa filiale, soit 2 000 k€, par moitié en périodes 1 et 2. Le maximum de bénéfices sera distribué en fin d'exercice à condition que 20 % de ce bénéfice soit mis en réserve et que la trésorerie ne descende pas en dessous de 400 k €.

Trésorerie et dividendes

	1	2	3	4	5
Trésorerie 1er plan	–50,00	–1 400,23	167,72	328,32	852,98
Apports en capital	1 000,00	1 000,00			
Trésorerie après apports	950,00	–400,23	167,72	328,32	852,98
Trésorerie cumulée	950,00	549,77	717,49	1 045,81	1 898,79
Résultat net	–785,00	1 041,57	570,67	849,46	1 350,15
Dividendes à verser	0,00	0,00	205,25	456,54	679,57
Dividendes versés	0,00	0,00	205,25	440,56	679,57
Trésorerie après dividendes	950,00	–400,23	–37,53	–128,21	173,41
Trésorerie cumulée	950,00	549,77	512,24	400,00	573,41

Trésorerie cumulée N = trésorerie cumulée N–1 + trésorerie après apport N

Dividendes versés en 3 : (1 041,57 – 785) × 80 %

507,67 × 80 % = 456,54, ce qui entraînerait une trésorerie de :
(512,24 + 328,32) – 456,54 = 384,02.

Donc limitation à 456,54 – [400 (trésorerie mini) – 384,02] = 440,56

Le plan de financement est maintenant équilibré et la trésorerie est positive sur les 5 années.

3. Établissez le bilan fonctionnel en fin d'année 5.

Actif		Passif	
Immobilisations	4 100,00	Capital	2 000,00
		Réserves	351,32
		Résultat	1 350,15
		Amortissements transférés	1 550,00
		Emprunt	737,17
		Intérêts courus non échus	84,77
BFRE	1 400,00		
Trésorerie	573,41		
Total	**6 073,41**	**Total**	**6 073,41**

CHAPITRE

16

La gestion de la trésorerie

APPLICATION 1 p. 418 QCM

Choisissez la ou les réponses exactes.

1. **La gestion de trésorerie fait partie de la :**
   b. gestion financière à court terme et à long terme.

2. **Le trésorier a pour mission de :**
   a. maintenir une trésorerie nette positive.
   b. trouver les financements les moins onéreux.

3. **Le budget de trésorerie récapitule :**
   a. l'ensemble des budgets réalisés en amont du processus budgétaire.

4. **Les billets de trésorerie sont des titres de créances négociables pouvant être achetés :**
   a. par les entreprises désirant effectuer des placements à court terme.

5. **Comparativement à l'escompte, l'affacturage :**
   b. est plus onéreux car les services rendus sont plus nombreux.
   c. décharge l'entreprise adhérente du suivi administratif des créances.

6. **Le trésorier effectue ses calculs à partir des dates de valeur car :**
   a. elles sont prises en compte pour le calcul des intérêts.
   c. elles correspondent aux dates de crédit ou de débit du compte bancaire.

7. **Les crédits de stockage et les crédits de campagne sont octroyés :**
   b. pour financer un besoin ponctuel et saisonnier quel que soit le lieu.

8. Le coût réel d'un escompte est déterminé par :

b. l'entreprise dans un souci de comparaison et de contrôle.

9. L'Eonia et l'Euribor sont des taux du marché monétaire généralement :

b. inférieurs au taux effectif global.

10. Les placements de trésorerie en SICAV permettent à l'entreprise :

b. de confier à des spécialistes la gestion des actifs.

APPLICATION 2 p. 419 Découvert bancaire, TEG et coût réel d'un crédit

1. Effectuez le calcul du TEG selon les critères appliqués par la banque July.

– intérêts : 6 893 500 × 10/36 000 = 1 914,86 €

– commission du plus fort découvert :
(145 950 + 172 560 + 232 940) × 0,05/100 = 275,73 €

– soit un TEG de : 6 893 500 × *t*/36 000 = 2 190,59 €

t = (36 000 × 2 190,59)/6 893 500 = 11,44 %

2. Calculez le taux réel du découvert selon vos propres critères.

– commission de compte : 379 490 × 0,02/100 = 75,90 €

– soit un total d'agios de : 2 190,59 + 75,90 = 2 266,49 €

– ce qui donne un taux réel de : *t* = 6 893 500 × *t*/36 500

t = (36 500 × 2 266,49)/6 893 500 = 12,00 %

3. Commentez.

Le taux effectif global (TEG) est un taux annuel proportionnel au taux de période, à terme échu exprimé pour 100 unités monétaires. Il est obligatoirement communiqué par les établissements de crédit à leurs clients. Ce taux prend en considération la plupart des commissions et frais à l'exception des commissions ne couvrant pas un risque et rémunérant un simple service comme les commissions de mouvement et les commissions de compte. Le trésorier a donc tout intérêt à calculer le taux réel du crédit en incluant l'ensemble des frais supportés.

4. Ne serait-il pas préférable d'escompter des lettres de change ?

Le calcul de l'escompte des lettres de change prend en considération des jours de valeur et des jours de banque. En principe, ce procédé renchérit le coût du crédit mais un calcul est à réaliser en fonction de l'ensemble des paramètres pour ces deux modes de financement. Si l'escompte est souvent moins onéreux, le découvert s'adapte cependant plus précisément au besoin. En effet, au-delà du coût, l'escompte de lettres de change oblige à négocier des effets pour une date d'échéance et un montant correspondant au besoin financier à court terme. Or, les périodes et les montants des effets ne correspondent pas toujours au besoin réel.

APPLICATION 3 p. 419] Bordereau de remise à l'escompte et coût réel de l'escompte

1. Présentez le bordereau de remise à l'escompte.

Bordereau de remise à l'escompte					Remise du 5 avril
Tiré	Nominal	Échéance	Jours	Taux d'escompte	Intérêts
Dupont	150 200,00	5 mai	31	9,50 %	1 228,72
Marcel	35 800,00	31 mai	57	9,50 %	538,49
Léon	82 000,00	15 juin	72	9,50 %	1 558,00
Total remise :	268 000,00				
Intérêts :	3 325,21				
Commission :	9,00				
TVA/com. :	1,76				
Agios TTC :	3 335,98				
Montant net :	264 664,02				

Nombre de jours pour calculer les intérêts de l'effet sur Dupond : (30 – 5) + 5 + 1 (jour de banque) = 31 jours.

2. Calculez le taux réel du crédit pour l'effet sur Léon.

Si la remise avait eu lieu à l'encaissement, les fonds auraient été disponibles le 19 juin puisque la banque compte 4 jours de valeur. Dans le cadre de la remise à l'escompte, les fonds seront disponibles dès le 6 avril, compte tenu de 4 jours de valeur. La durée du crédit court donc du 6 avril au 19 juin, soit : 25 + 31 + 19 = 75 jours.

Le taux réel du crédit est de : $t = (1\ 558 + 3) = 80\ 439 \times 75 \times t/36\ 500$

$t = (1\ 561 \times 36\ 500)/(80\ 439 \times 75) = 9{,}44\ \%$

3. Calculez le taux unique moyen pour l'ensemble des effets remis à l'escompte.

$(3\ 325{,}21 + 9) = [(150\ 200 - 1\ 231{,}72) \times 34) + (35\ 258{,}51 \times 60) + (80\ 439 \times 75)] \times t/36\ 500$

$3\ 334{,}21 = (5\ 064\ 921{,}52 + 2\ 115\ 510{,}60 + 6\ 032\ 925) \times t/36\ 500$

$t = 9{,}21\ \%$

APPLICATION 4 p. 420] Arbitrage entre différentes sources de financement

1. Effectuez l'ensemble des calculs préliminaires et calculez le taux réel de l'escompte.

Le taux appliqué par la banque comprend le taux de base bancaire (TBB), la commission d'endos et une majoration spécifique : soit un taux de : 8 + 0,5 + 1 = 9,5 %.

La durée du crédit, pour le calcul des intérêts, court à partir du jour de la remise exclu jusqu'au jour inclus de l'échéance. Cette durée est augmentée des jours de banque :

4 j + 28 j + 1 j = 33 jours.

Le montant des intérêts est de : 40 000 × 9,5 % × 33/360 = 348,33 €.

La commission de remise à l'escompte est de : 3 €.

Total des agios hors taxes : 348,33 + 3 = 351,33 €

Taux réel de l'escompte

Pour une remise à l'encaissement, les fonds auraient été mis à disposition le 4 mars en comptant 4 jours de valeur. Pour la remise à l'escompte, l'entreprise va disposer des fonds le 28 janvier (en comptant 1 jour de valeur), soit :
4 + 28 + 4 = 36 jours avant le 4 mars.

Le taux réel de l'escompte est de :

351,33 = (40 000 – 351,33) × 36 × t/36 500

t = 8,98 %.

Le taux réel de l'escompte est inférieur au taux nominal car le nombre de jours réels du crédit est plus important que la durée nominale. La commission entraîne un surcoût mais trop faible pour être significatif.

2. Déterminez le coût du découvert et le taux réel du découvert.

Nombre de jours du découvert :

– 27/01 au 05/02 inclus : 10 jours

– 12/02 au 28/02 inclus : 17 jours

Intérêts relatifs au découvert :

(35 000 × 13,5 % × 10/360) + (44 000 × 13,5 % × 17/360) = 411,75 €

La commission du plus fort découvert (CPFD) est de : 35 000 × 0,05 % = 17,50 € en janvier et 44 000 × 0,05 % = 22 € en février, soit un total de 39,50 €.

Total des agios hors taxes : 411,75 + 39,5 = 451,25 €

Taux réel du découvert :
398,75 = [(35 000 × 10) + (44 000 × 17)] × t/36 500 = 13,26 %

Le découvert est plus onéreux mais demeure plus souple car il s'adapte exactement aux besoins.

Le calcul par la méthode des nombres est le suivant :

– les nombres sont de 210 000 (35 000 × 10) en janvier et 748 000 (44 000 × 17) en février soit un total de 1 098 000 pour le numérateur N ;

– le diviseur D est : 36 000/13,5 ;

– ce qui donne des intérêts de I = N/D, soit 1 098 000/(36 000/13,5) = 411,75 €.

APPLICATION 5 p. 420 Arbitrage entre placements de trésorerie

1. Rappelez les avantages et les inconvénients d'un placement en SICAV monétaire.

Une SICAV est une société d'investissement à capital variable dont l'objet est d'investir dans des valeurs mobilières l'essentiel de ses ressources (voir le cours du manuel). Plusieurs catégories de SICAV existent, permettant de diversifier les placements, le rendement et le risque encouru.

Les SICAV monétaires sont composées de titres de créances négociables à court terme (billet de trésorerie ou bon du Trésor) ne présentant pas de risque en capital (sauf faillite de l'émetteur). En contrepartie, ce type de produit affiche des performances modestes proches des taux du marché monétaire. Les SICAV monétaires sont assez liquides (achat et vente faciles) et donc appropriées pour des placements à court terme. En revanche, l'achat et la vente fréquents peuvent devenir onéreux car des droits d'entrée et de sortie ainsi que des frais de gestion sont facturés à l'investisseur.

2. Faites les calculs nécessaires pour choisir la solution de placement la plus avantageuse.

a. Le placement en SICAV rapportera 20 000 × 3 % × 14/365 = 23,01 € auxquels il faut soustraire des droits d'entrée de 0,1 % calculés sur le montant du placement (pas de prorata temporis), soit 20 000 × 0,1 % = 20 €. Le rendement net est alors de 23,01 – 20 = 3,01 €.

Ce qui donne un taux de placement de (36 500 × 3,01)/(20 000 × 14) = 0,39 % !

La durée du placement est beaucoup trop courte pour permettre au rendement de couvrir les frais facturés.

b. Le règlement au comptant permet à l'entreprise de payer aujourd'hui :

18 900 – (18 900 × 0,5 %) = 18 805,50 €.

Le taux de l'escompte de règlement est le taux pour lequel :

94,50 = (18 805,50 × t × 30)/36 500

t = 6,11 %

Le règlement de la dette moyennant escompte est donc financièrement plus intéressant que le placement en SICAV. Cependant, ce type de placement bloque les fonds placés alors que le placement en SICAV peut être transformé en liquidités du jour au lendemain, ce qui permet de faire face aux imprévus. Là encore, la diversification s'impose et le raisonnement ne doit pas être que financier.

APPLICATION 6 p. 421 Gestion de trésorerie en jours de valeur

1. Déterminez le solde bancaire en comptabilité le lundi 4 mars en fin de journée.

Solde : .... +12 916,80
Virement émis : .... –14 352,00
Remise de chèque : .... +17 670,90
Solde bancaire :... +16 235,70

Solde :.. 25 876,53
Virement émis : 32 765,50
Remise de chèque : 35 342,70
Solde bancaire :... 28 453,73

2. Quels sont les critères retenus pour suivre ces opérations en trésorerie ?

La compensation du chèque remis aura lieu le mardi 5 mars (car l'heure de caisse est dépassée le lundi 4 mars). La remise de chèque donnant lieu à J+3 ouvrés, le chèque sera crédité en valeur le vendredi 8 mars.

Le virement émis pour le fournisseur sera débité à J - 1 calendaire, soit en valeur le dimanche 3 mars.

Le compte sera donc à découvert en date de valeur pendant 5 jours (du 3 au 7 mars inclus) pour un montant de : 12 916,80 – 14 352,00 = 1 435,20 €.

Date de valeur	Dimanche 3 mars	Lundi 4 mars	Mardi 5 mars	Mercredi 6 mars	Jeudi 7 mars	Vendredi 8 mars	Samedi 9 mars
Solde début	12 916,80	–1 435,20	–1 435,20	–1 435,20	–1 435,20	–1 435,20	16 235,70
Mouvements	–14 352,00					17 670,90	
Solde fin	–1 435,20	–1 435,20	–1 435,20	–1 435,20	–1 435,20	16 235,70	16 235,70

3. Calculez le montant des frais financiers.

Intérêts de découvert : 1 435,20 × 12 % × 5/360 = 2,39 €

Commission du plus fort découvert : 1 435,20 × 0,06 % = 0,86 € (la limitation ne s'applique pas)

Soit un total de frais hors taxes de 3,25 €.

APPLICATION 7 p. 421] Titres de créances négociables

1. Quelles sont les motivations de la banque et de l'entreprise ?

La banque émettrice désire se financer à court terme (3 mois) directement sur le marché alors que la société Bomarchai souhaite placer des excédents pour une période courte. Ce type d'opérations est réalisé par des sociétés de taille importante car les montants échangés sont élevés.

2. Déterminez le montant de la transaction 40 jours après l'émission.

Le montant perçu par la banque lors de l'émission des certificats correspond au montant nominal, soit 150 k€ par titre.

La somme à payer à l'échéance sera majorée des intérêts :

150 000 + (150 000 × 4 × 120)/36 000 = 2 000 €.

Le montant de la transaction (a) 40 jours après l'émission est de :

a + (*a* × 3,5 × 80)/36 000 = 152 000 €

a = 150 826,90 €

Soit un total de 20 × 150 826,90 = 3 016 538,04 €.

3. Calculez le taux de placement du premier acquéreur.

150 000 + (150 000 × t × 40)/36 000 = 150 826,90

t = 4,96 %.

APPLICATION 8 p. 421] Budget de trésorerie

1. Présentez le budget de trésorerie pour le premier trimestre N.

Budget TTC

En k€ TTC	Ventes	Achats
Janvier	920,92	414,41
Février	711,62	320,23
Mars	925,11	416,3

Budget trimestriel

En k€	Ventes et achats hors taxes	TVA	Montant à décaisser	Janvier	Février	Mars	Avril
Au 31 décembre N – 1							
Clients			418,60	418,60			
Fournisseurs			–209,30	–209,30			
Personnel			–190,00	–190,00			
Organismes sociaux			–270,00	–270,00			
TVA à décaisser			–102,90	–102,90			
Janvier							
Ventes	770,00	150,92	920,92	460,46	460,46		
Achats	–346,50	–67,91	–414,41		–414,41		
Salaires nets	–200,00		–200,00		–200,00		
Charges sociales	–100,00		–100,00				–100,00
TVA nette de janvier			–83,01		–83,01		
Février							
Ventes	595,00	116,62	711,62		355,81	355,81	
Achats	–267,75	–52,48	–320,23			–320,23	
Salaires nets	–200,00		–200,00			–200,00	
Charges sociales	–100,00		–100,00				–100,00
Investissement	–90,00	–17,64	–107,64		–35,88	–71,76	
TVA nette de février			–46,50			–46,50	
Mars							
Ventes	773,50	151,61	925,11			462,55	462,55
Achats	–348,10	–68,23	–416,33				–416,33
Salaires nets	–200,00		–200,00				–200,00
Charges sociales	–100,00		–100,00				–100,00
TVA nette de mars			–83,38				–83,38
Différence mensuelle				**106,86**	**82,97**	**179,87**	**–537,15**
Solde initial				**–292,40**	**–185,54**	**–102,57**	
Solde final				**–185,54**	**–102,57**	**77,30**	

2. Préconisez des solutions de gestion de trésorerie pour les soldes qui en découlent.

Les délais de paiement vis-à-vis des tiers ne sont pas négociables et aucun règlement n'est effectué par effet de commerce.

La solution réside donc dans la négociation d'un découvert bancaire.

CHAPITRE

17

La gestion des risques de trésorerie

APPLICATION 1 p. 438 QCM

Choisissez la ou les réponses exactes.

1. **Face au risque, les entreprises peuvent adopter une attitude spéculative qui consiste à :**
   c. ne pas se couvrir.

2. **Un risque de hausse des taux peut être couvert par :**
   a. la vente à terme de *futures*.

3. **Un emprunteur à terme doit se couvrir contre :**
   c. une hausse des taux d'intérêt.

4. **Un importateur est régulièrement exposé au risque :**
   a. de change.

5. **Les produits dérivés ont pour sous-jacents :**
   a. toutes sortes d'actifs.

6. **L'achat de contrats à terme ferme engage :**
   a. définitivement l'acheteur.
   b. définitivement le vendeur.

7. La différence entre un FRA *forward* et un FRA *future* est relative au :

a. type de marché sur lequel est négocié le produit.

b. caractère standardisé ou non du contrat.

c. mode de cotation du contrat.

8. La prime d'un contrat à terme optionnel est perdue pour l'acheteur :

a. quelle que soit la façon dont le contrat est dénoué.

9. Le FRA *forward* est un contrat de taux d'intérêt :

a. négocié sur un marché de gré à gré.

10. Une couverture contre un risque de baisse du cours d'une devise est réalisée par :

a. l'achat d'options de vente.

APPLICATION 2 p. 439 Trésorerie et risque de taux d'intérêt

1. Déterminez le sens de l'opération à réaliser par le trésorier pour se couvrir.

Les placements futurs risquent d'être moins fructueux si les taux baissent avant leur réalisation. Le trésorier anticipe donc un risque de baisse des taux et doit vendre à terme des contrats.

2. Sachant que le taux de l'Euribor à 3 mois est de 3,68 % au moment de la négociation, quel est le cours du contrat ?

Le cours du contrat Euribor 3 mois est de 100 – 3,68 = 96,32.

3. Quarante jours après la négociation, le cours du contrat est de 97,10 €. Le trésorier dénoue sa position par une opération contraire à sa position initiale. Quel est alors le résultat de l'opération ?

Le cours du contrat à 97,10 € signifie que le taux de l'Euribor a baissé à 2,90 %.

Le trésorier dénoue sa position en achetant 5 contrats qu'il avait vendus à terme auparavant.

Le résultat de l'opération est un gain de :
5 × 1 000 000 × (97,10 – 96,32)/100 = 39 000 €.

4. Pour se couvrir plus précisément, dans quelle mesure aurait-il fallu tenir compte du cours des contrats au moment de leur négociation ?

Pour une couverture plus précise, il aurait fallu déterminer le nombre de contrats à négocier en rapportant le montant à couvrir sur le cours d'un contrat. Au moment de la négociation, le cours du contrat est de 1 000 000 € × 96,32/100 = 963 200 €. Il aurait ainsi fallu : 5 000 000/963 200 = 5,19 contrats donc 5 contrats.

APPLICATION 3 p. 439 Gestion de trésorerie et contrat à terme de gré à gré

1. Déterminez le résultat sur le contrat lors de la date de liquidation pour un taux de 3,80 %.

Au moment de la signature du contrat, aucun versement n'est effectué.

À la date de liquidation, c'est-à-dire 2 mois après la conclusion du contrat, le trésorier de la société Guirec reçoit la différence d'intérêts car les taux ont augmenté (si les taux avaient baissé, il aurait versé la différence à sa banque). Cette différence compense la perte sur l'emprunt.

Le différentiel de taux est de : [2 000 000 × (3,80 – 3,70) × 90]/36 000 = 500 €.

2. Quel est le montant actualisé du résultat ?

$x + [(x \times 3{,}80 \times 90)/36\,000] = 500$ €

$x = 495{,}29$ €

APPLICATION 4 p. 439 Risque de taux et contrat d'option

1. Quel est le cours du dollar à la facturation ?

7 519/10 000 = 0,75 €

2. Expliquez les raisons qui poussent le trésorier à acheter des options de vente.

La société exportatrice est exposée au risque de change, c'est-à-dire au risque de voir le cours du dollar baisser, ce qui diminuerait ses recettes sur créances en dollars.

L'achat d'options de vente permet de vendre à terme des dollars au cours d'achat de l'option si cela s'avère intéressant. Dans le cas contraire, la société peut abandonner l'option et vendre ses dollars à un meilleur cours sur le marché. Dans tous les cas, la société paie la prime de 0,02 € par dollar.

3. Déterminez le montant net encaissé et le résultat de l'opération dans l'hypothèse où la société abandonnerait l'option. Un dollar s'échangerait à 0,762 € à l'échéance.

La société décaisse 10 000 × 0,02 = 200 € de prime pour l'achat des options de vente.

Le cours du dollar progresse à 0,762 €. La société abandonne ses options et revend ses dollars au comptant pour 10 000 × 0,762 = 7 620 €.

Le résultat sur la devise est de 7 620 – 7 519 = + 101 €.

Il faut cependant retrancher le montant des primes, soit 200 €, pour obtenir le résultat de l'opération qui ressort négatif à –99 €.

4. Finalement, un dollar s'échange contre 0,72 €. Que doit faire le trésorier et quel est le résultat ?

Le cours du dollar baisse. Le trésorier exerce ses options et vend 10 000 $ à 0,7557 €, soit 7 557 €.

Il réalise ainsi un gain de 7 557 – 7 519 = 38 € sur devise mais supporte le montant des primes pour 200 €. Le résultat de l'opération est de 38 – 200 = -162 €.

Sans couverture, il aurait perdu : (10 000 × 0,72) – 7 519 = 319 €.

APPLICATION 5 p. 439 Risque de change et contrats à terme ferme

1. Identifiez la nature du risque supporté par l'importateur.

L'importateur supporte un risque de change caractérisé par une hausse du cours du dollar.

2. Face à ce risque, la société peut réagir de deux façons : ne rien faire ou couvrir l'opération. Expliquez les raisons et les conséquences de ces choix.

Si l'entreprise ne fait rien pour se couvrir, elle adopte une attitude spéculative en pensant que le dollar ne baissera pas ou que son éventuelle baisse ne sera pas significative pour justifier le coût d'une couverture. L'entreprise est alors exposée au risque de baisse de la devise.

Si l'entreprise se couvre contre le risque de change, elle supporte les frais de cette couverture mais pense que ceux-ci seront couverts par le résultat de l'opération.

3. La société s'adresse à sa banque qui lui propose une opération à terme ferme avec cours du dollar à 60 jours à 0,76 €. Quel est l'intérêt de cette opération ?

L'opération à terme ferme consiste pour l'entreprise à acheter des dollars à un cours convenu au moment de la négociation. Dans 60 jours, que le dollar soit supérieur ou inférieur à 0,76 €, l'entreprise devra prendre livraison des dollars précédemment achetés à 0,76. Elle réalisera un gain si le cours a progressé entre-temps, et une perte dans le cas contraire.

4. La Coface propose un cours garanti à 0,77 € le jour de la signature du contrat (cours au comptant) et une prime de 0,15 % du montant de l'opération. Calculez la façon dont va se dénouer l'opération en retenant les deux hypothèses de cours de règlement ci-dessous, pour chaque cas envisagé (ne rien faire, achat à terme ferme, garantie Coface) :

– cours du dollar le 15 mai : 0,79 €.

Hypothèses de règlement :

– cours du dollar à 0,74 € ;

– cours du dollar à 0,81 €.

Ne rien faire

Le cours baisse à 0,74 €.

Opération	Montant en $	Cours	Contre-valeur en euros
Valeur le 15 mai (comptant)	100 000,00	0,79	79 000,00
Règlement effectué	100 000,00	0,74	74 000,00
Différence	100 000,00	0,05	5 000,00
Gain			**5 000,00**

Le cours monte à 0,81 €.

Opération	Montant en $	Cours	Contre-valeur en euros
Valeur le 15 mai (comptant)	100 000,00	0,79	79 000,00
Règlement effectué	100 000,00	0,81	81 000,00
Différence	100 000,00	–0,02	–2 000,00
Perte			**–2 000,00**

Achat à terme ferme

Le cours baisse à 0,74 €.

Opération	Montant en $	Cours	Contre-valeur en euros
Achat à terme ferme	100 000,00	0,76	76 000,00
Valeur à échéance	100 000,00	0,74	74 000,00
Manque à gagner	100 000,00	–0,02	–2 000,00
Valeur le 15 mai (au comptant)	100 000,00	0,79	79 000,00
Gain réalisé	100 000,00	0,03	3 000,00
Net décaissé			**76 000,00**

Le cours monte à 0,81 €.

Opération	Montant en $	Cours	Contre-valeur en euros
Achat à terme ferme	100 000,00	0,76	76 000,00
Valeur à échéance	100 000,00	0,81	81 000,00
Perte évitée	100 000,00	0,05	5 000,00
Valeur le 15 mai (au comptant)	100 000,00	0,79	79 000,00
Gain réalisé	100 000,00	0,03	3 000,00
Net décaissé			**76 000,00**

Coface

Le cours baisse à 0,74 €.

Opération	Montant en $	Cours	Contre-valeur en euros
Valeur à échéance (a)	100 000,00	0,74	74 000,00
Cours garanti	100 000,00	0,77	77 000,00
Reversement à la Coface (b)	100 000,00	0,03	3 000,00
Prime Coface (c)	89 000,00	0,15 %	115,50
Net décaissé (a + b + c)			**77 115,50**

Le cours monte à 0,81 €.

Opération	Montant en $	Cours	Contre-valeur en euros
Valeur à échéance (a)	100 000,00	0,81	81 000,00
Cours garanti	100 000,00	0,77	77 000,00
Remboursement Coface (b)	100 000,00	0,04	4 000,00
Prime Coface (c)	89 000,00	0,15 %	115,50
Net décaissé (a + b + c)			**77 115,50**

DOSSIER 1 Le tableau de flux de trésorerie

1. **Dressez les soldes intermédiaires de gestion pour l'année N à partir de l'annexe 2 en retraitant le crédit-bail et le personnel intérimaire et présentez la capacité d'autofinancement retraitée.**

Éléments	N	N retraités	Explications
Production vendue Production stockée	20 087 470 85 000	20 087 470 85 000	
Production de l'exercice	**20 172 470**	**20 172 470**	
Consommations en provenance de tiers	12 972 320	12 408 120	– 140 000 – 424 200 (*)
Valeur ajoutée	**7 200 150**	**7 764 350**	**+ 140 000 + 424 200 (*)**
Impôts et taxes Charges de personnel	200 100 5 598 070	200 100 6 022 270	 + 424 200 (*)
Excédent brut d'exploitation	**1 401 980**	**1 541 980**	+ 140 000 (**)
Autres produits Autres charges Reprises sur amortissements et provisions Dotations aux amortissements et provisions	5 800 74 200 94 300 841 700	5 800 74 200 94 300 941 700	 + 100 000
Résultat d'exploitation	**586 180**	**626 180**	+ 40 000
Produits financiers Reprises financières Intérêts et charges assimilées	18 500 10 000 128 300	18 500 10 000 168 300	 + 40 000
Résultat financier	**– 99 800**	**– 139 800**	– 40 000
Résultat courant avant impôt	**486 380**	**486 380**	
Produits exceptionnels Charges exceptionnelles sur opérations de gestion	125 000 190 500	125 000 190 500	
Résultat exceptionnel	– 65 500	– 65 500	
Impôt sur les bénéfices	212 900	212 900	
Résultat net	**207 980**	**207 980**	
+ DAP exploitation – RAP exploitation – RP financières	841 700 94 300 10 000	941 700 94 300 10 000	
Capacité d'autofinancement	**737 400**	**837 400**	

(*) Retraitement du personnel intérimaire

(**) Retraitement du crédit-bail : amortissements (100 000), intérêts (40 000)

2. Établissez le tableau de flux de trésorerie joint en annexe 4.

	Exercice N	Notes
Flux de trésorerie liés à l'activité		
Résultat net	207 980	1
± Amortissements et provisions (dotations nettes de reprises)	885 400	2
– Augmentation des frais d'établissement	– 48 000	3
+ Valeur comptable des éléments d'actif cédés	130 000	4
– Produits des cessions d'éléments d'actif	– 105 000	5
– Quote-part des subventions d'investissement virée au compte de résultat	– 20 000	6
– Variation des stocks	– 73 000	7
Incidence de la variation des décalages de trésorerie sur opérations d'exploitation		
– Variation des créances clients et autres créances d'exploitation	– 246 800	8
+ Variation des dettes fournisseurs et autres dettes d'exploitation	165 450	9
Flux net de trésorerie généré par l'activité (A)	**896 030**	
Flux de trésorerie liés aux opérations d'investissement		
– Acquisitions d'immobilisations incorporelles	– 350 000	10
– Acquisitions d'immobilisations corporelles	– 1 501 000	11
– Acquisitions d'immobilisations financières	– 32 000	12
+ Cessions d'immobilisations incorporelles		
+ Cessions d'immobilisations corporelles	63 000	13
+ Cessions d'immobilisations financières	117 000	14
+ Subventions reçues		
Incidence de la variation des décalages de trésorerie sur opérations d'investissement		
+ Variation des dettes et créances sur immobilisations	– 163 480	15
Flux net de trésorerie lié aux opérations d'investissement (B)	**– 1 539 520**	
Flux de trésorerie liés aux opérations de financement		
+ Augmentation de capital	162 500	16
– Dividendes versés aux actionnaires	– 180 000	17
+ Augmentation des dettes financières	945 600	18
– Remboursement des dettes financières	– 378 910	19
Incidence de la variation des décalages de trésorerie sur opérations de financement		
– Variation du capital souscrit non appelé		
– Variation du capital souscrit appelé, non versé		
Flux net de trésorerie lié aux opérations de financement (C)	**549 190**	
Variation de trésorerie (A + B + C)	**94 300**	
Trésorerie à l'ouverture (D)	**141 500**	20
Trésorerie à la clôture (A + B + C + D)	**47 200**	21

Explications

En retenant les abréviations suivantes :
AAR : avances et acomptes reçus
AAV : avances et acomptes versés
ACB : part d'amortissement du crédit-bail
CBC : concours bancaires courants
CCA : charges constatées d'avance
CLT : clients
DA : dotations aux amortissements

DFS : dettes financières stables
DP : dotations aux provisions
ECA : écart de conversion actif
ECP : écart de conversion passif
EENE : effets escomptés non échus
FRS : fournisseurs
ICNE : intérêts courus non échus
P : provisions
PCA : produits constatés d'avance
RP : reprise sur provisions
VMP : valeurs mobilières de placement
VN : valeur nette
VNC : valeur nette compable
VO : valeur d'origine

1	Le résultat de l'exercice est celui de l'année N.
2	682 800 + 206 900 + 100 000 – 104 300 = 885 400 DA + DP + ACB – RP
3	48 000 (tableau des immobilisations)
4	VNC renvoi (2) du compte de résultat
5	Produits des cessions d'éléments d'actif : 63 000 + 42 000, renvoi (2) du compte de résultat
6	Quote-part : 20 000, renvoi (2) du compte de résultat
7	(160 000 + 554 000) – (162 000 + 460 000 + 19 000) = 73 000 (VO année N) – (VN année N-1 + Provision pour stocks N-1)
8	N : (998 900 + 170 600 + 80 000 + 1 000 + 49 300 + 270 000) CLT + AAR + EENE + ECA + CCA + AAV N-1 : (940 000 + 135 000 + 50 000 + 0 + 56 000 + 100 000)
9	N : (931 900 + 396 050 + 31 000 + 2 000 + 4 000 + 30 000) FRS + DFS + PCA + ECP + ICNE + AAV) N-1 (802 000 + 334 000 + 43 500 + 0 + 0 + 50 000)
10	350 000 (tableau des immobilisations)
11	Tableau des immobilisations : 1 551 000 – 150 000 + 100 000 = 1 501 000 (acquisitions – avances et acomptes N-1 + DA du crédit-bail)
12	32 000 (tableau des immobilisations)
13	63 000 (pied du compte de résultat)
14	117 000 = 42 000 (pied du compte de résultat) + 75 000 de remboursement de prêt
15	Poste fournisseurs d'immobilisations : 273 480 – 110 000 = 163 480
16	3 162 500 – 3 000 000 = 162 500
17	On retranche du résultat, ce qui a été mis en réserve : 250 000 – [(300 000 + 450 000) – (290 000 + 250 000)] = 180 000
18	(1 086 510 + 176 100 – 138 000 – 4 000) – (520 000 + 108 000 – 80 000 – 378 910) = 945 600 (emprunts N – CBC – ICNE) – (emprunts (N-1) – CBC – remboursements d'emprunt N)
19	Donnée du texte
20	(60 000 + 3 000 + 208 500) – (80 000 + 50 000) = 141 500 (VMP + P VMP + disponible) – (CBC + EENE)
21	(30 000 + 235 200) – (138 000 + 80 000) = 47 200 (VMP + disponible) – (CBC + EENE)

DOSSIER 2 L'effet de levier

1. Définissez la notion d'effet de levier.

L'effet de levier financier permet à une entreprise qui s'endette d'accroître la rentabilité comptable de ses capitaux propres à un niveau supérieur à la rentabilité de son actif économique, à condition que celle-ci reste supérieure au coût de l'endettement.

2. Déterminez un éventuel effet de levier financier sans tenir compte de l'impôt sur les sociétés.

À partir du compte de résultat et du bilan de l'année N, nous obtenons :

– capitaux propres = 4 228 480 ;

– dettes financières = 1 080 590 + 176 100 – 138 000 – 4 000 = 1 114 690 ;

– capitaux investis = 4 228 480 + 1 114 690 = 5 343 170 ;

– charges d'intérêts = 60 500 ;

– résultat d'exploitation = 586 180 ;

– taux de rentabilité économique = 10,97 % ;

– taux d'intérêt des emprunts = 60 500/1 114 690 × 100 = 5,43 %.

Mesure de l'effet de levier

Rf = 0,1097 + [(0,1097 – 0,0543) × (1 114 690/4 228 480)]

Rf = 0,01097 + (0,0554 × 0,2636) = 0,1243, soit 12,43 %.

L'entreprise bénéficie pleinement de l'effet de levier financier puisqu'elle accroît la rentabilité du placement par un coût de l'endettement inférieur à la rentabilité économique.

DOSSIER 3 L'évaluation du BFRE

1. Déterminez les facteurs qui influent sur le niveau du besoin en fonds de roulement d'exploitation.

Le niveau du BFRE dépend des trois postes du bilan que sont les stocks, les créances clients et les dettes fournisseurs. La durée de stockage est liée au cycle de fabrication, à la disponibilité du produit, aux habitudes de consommation et à la saisonnalité.

Les durées de crédit clients et de crédit fournisseurs dépendent du rapport du force entre les acteurs et l'entreprise et, pour une bonne part, des habitudes sectorielles.

2. En retenant un taux de TVA de 19,6 %, quelles sont la durée du crédit clients, la durée du crédit fournisseurs et la durée de stockage ?

Durée du crédit clients

Clients HT : 998 900/1,196 = 835 201

Durée : 835 201/20 087 470 × 360 = 15 jours

Durée du crédit fournisseurs

Fournisseurs HT : 891 900/1,196 = 745 736

Durée : 745 736/10 196 800 × 360 = 27 jours

Durée de stockage

(160 000 + 554 000)/ 10 196 800 × 360 = 26 jours

3. En ne prenant que les valeurs hors taxes pour raison d'homogénéité des calculs, quelle est la valeur du BFRE en valeur et en jours de chiffre d'affaires ?

[(714 000 + 835 201 – 745 736) / 20 087 470] × 360 = 14,4 jours

4. Quel serait le montant du BFRE compte tenu d'une augmentation de 10 % du chiffre d'affaires de la société ?

BFR N : 14,4/360 × 20 087 470 = 803 499

BFR N+1 : 14,4 /360 × (20 087 470 × 1,1) = 883 849, soit une augmentation de plus de 80 000 €

5. Commentez la situation financière de la société en mettant en évidence quatre forces et quatre faiblesses.

Ses forces sont les suivantes :

- entreprise peu endettée ;
- bonne profitabilité accentuée par l'effet de levier ;
- position de force sur le marché qui lui permet d'avoir des délais de crédit clients raisonnables ;
- politique d'investissement soutenue.

Ses faiblesses sont listées ci-dessous :

- politique de rémunération de l'actionnaire beaucoup trop généreuse qui réduit les possibilités de financement ;
- trésorerie d'exploitation insuffisante par rapport à la politique d'investissement qui conduit à un accroissement de l'endettement ;
- position d'infériorité vis-à-vis des fournisseurs qui consentent un délai de paiement inférieur à 30 jours ;
- les charges de personnel absorbent 77,6 % de la valeur ajoutée, ce qui laisse peu de place pour la rémunération du capital.

DOSSIER 4 Le placement de la trésorerie excédentaire

1. **Comment se comporte le cours d'une obligation en fonction des variations de taux d'intérêt ?**

Le cours d'une obligation varie de façon inversement proportionnelle au taux d'intérêt. Dans le cas actuel, puisque le taux du marché est inférieur au taux de rémunération de l'obligation, l'obligation cotera plus de 100.

2. **Calculez le cours de l'obligation au pied du coupon à cette date.**

Coupon : 500 × 0,04 = 20 € par an

	Versements	Formules	Versements actualisés
122/365	20	$a = 20(1{,}06)^{\frac{122}{365}}$	19,42
1 + 122/365	20	$a = 20(1{,}06)^{1+\frac{122}{365}}$	18,85
2 + 122/365	20	$a = 20(1{,}06)^{2+\frac{122}{365}}$	18,30
3 + 122/365	520	$a = 20(1{,}06)^{3+\frac{122}{365}}$	462,01
Total			**518,58**

Cours de l'obligation au pied du coupon : 518,58/500 × 100 = 103,72.

3. **Déterminez la valeur du coupon non échu à la même date.**

Coupon = 500 × 0,04 = 20 €

Coupon couru : 0,04 × 243/365 × 100 = 2,66 %

4. **Calculez le prix de vente de l'obligation à cette date.**

103,72 + 2,66 = 106,38

106,38/100 × 500 = 531,90 €

5. **Quelle est la valeur du portefeuille et que pensez-vous de la valorisation du portefeuille de VMP au bilan de la société Ondine ?**

531,90 € × 60 = 31 914 €

Compte tenu de la valorisation qui est au bilan (valeur d'origine : 30 000 €), la provision de 1 000 € inscrite au bilan correspondait à une dépréciation possible au 31/12/N (valeur de 29 000 €). Si le bilan était établi à la date de valorisation, la provision serait sans objet puisque la valeur est supérieure au coût d'acquisition.

DOSSIER 1

1. Déterminez l'espérance mathématique et l'écart type de la distribution des CAF pour chaque année.

Année 1				
CF x	Probabilité f	CF . proba $f \cdot x$	$[CF - E(x)]^2$ $(x - m)^2$	Prob . $[CF - E(x)]^2$ $f \cdot (x - m)^2$
3 800,00 5 200,00 6 100,00	0,40 0,40 0,20	1 520,00 2 080,00 1 220,00	1 040 400,00 144 400,00 1 638 400,00	416 160,00 57 760,00 327 680,00
	E(x) =	**4 820,00**	V(x) =	**801 600,00**

E(x) = 4 820,00
V(x) = 801 600,00
σ = 895,32

Année 2				
CF x	Probabilité f	CF . proba $f \cdot x$	$[CF - E(x)]^2$ $(x - m)^2$	Prob . $[CF - E(x)]^2$ $f \cdot (x - m)^2$
4 700,00 6 900,00 7 500,00	0,30 0,30 0,40	1 410,00 2 070,00 3 000,00	3 168 400,00 176 400,00 1 040 400,00	950 520,00 52 920,00 416 160,00
	E(x) =	**6 480,00**	V(x) =	**1 419 600,00**

E(x) = 6 480,00
V(x) = 1 419 600,00
σ = 1 191,47

Année 3				
CF x	Probabilité f	CF . proba $f \cdot x$	$[CF - E(x)]^2$ $(x - m)^2$	Prob . $[CF - E(x)]^2$ $f \cdot (x - m)^2$
4 800,00 7 300,00 7 900,00	0,30 0,50 0,20	1 440,00 3 650,00 1 580,00	3 496 900,00 396 900,00 1 512 900,00	1 049 070,00 198 450,00 302 580,00
	E(x) =	**6 670,00**	V(x) =	**1 550 100,00**

E(x) = 6 670,00
V(x) = 1 550 100,00
σ = 1 245,03

2. Déterminez l'espérance mathématique et l'écart type de la VAN du projet.

Espérance mathématique et écart type de la VAN :
$E(x) = -14\,000 + 4\,820(1{,}1)^{-1} + 6\,480(1{,}1)^{-2} + 6\,670(1{,}1)^{-3}$
E(x) = 748,46
$V(x) = 801\,600(1{,}1)^{-1} + 1\,419\,600(1{,}1)^{-2} + 1\,550\,100(1{,}1)^{-3}$
V(x) = 3 066 563,49

σ = 1 751,16

3. **Un autre projet de même montant et de durée identique, dont l'espérance mathématique de la VAN est de 954,52 et l'écart type de la VAN de 1 812,30, a été étudié. Qu'en pensez-vous ?**

Le projet ci-dessus présente une espérance mathématique E(x) inférieure au projet delta.

Sa rentabilité est donc inférieure.

En revanche, son écart type est moins élevé, ce qui dénote un risque moindre.

Le projet est donc à choisir en fonction du critère que l'on désire privilégier.

DOSSIER 2

1. **Calculez le seuil de rentabilité d'exploitation de la société.**

Compte de résultat société Talbert

CA HT	145 000,00
Marge sur coût variable	50 750,00
Taux de marge sur coût variable	35,00 %
Charges fixes	48 300,00
Résultat d'exploitation	**2 450,00**
Charges financières	2 000,00
Résultat avant impôt	**450,00**
IS	150,00
Résultat net comptable	**300,00**
Actif économique	122 500,00
Fonds propres	86 140,00
Dettes financières	36 360,00

Taux d'intérêt des dettes : 5,50 %

Seuil de rentabilité d'exploitation :

SR = CF/tMCV = 4 600/0,42 = 138 000,00

2. **Déterminez l'élasticité du résultat d'exploitation par rapport au chiffre d'affaires.**

Élasticité du RE au CA (levier d'exploitation) :

e = CA/(CA – SR) = 145 000/(145 000 – 138 000) = 20,71

3. **Que provoquerait sur le résultat d'exploitation une baisse de chiffre d'affaires de 5 % ?**

Si le CA baisse de 5 %, le RE baissera de 20,71 × 5 % = 103,55 %

Pour un CA de 137 750 €, le RE sera ainsi de – 87 € (soit une diminution de (– 87 – 2 450)/2 450 × 100 = – 103,55 %.

4. **Calculez le taux de rentabilité économique (Re) et le taux de rentabilité financière (Rf), avant et après impôt.**

Rentabilité d'exploitation avant impôt	Re = RE/actif	2 450/122 500 =	**2,0000 %**
Rentabilité d'exploitation après impôt	Re × 2/3	2 % × 2/3 =	**1,3333 %**
Rentabilité financière avant impôt	Rf = RNC/CP	450/86 140 =	**0,5224 %**
Rentabilité financière après impôt	(Re + (Re – i) D/CP) 2/3	(2 % + [(2 % – 5,5 %) x 36 360/86 140)] × 2/3 × 100	**0,3484 %**

5. **Calculez l'impact sur la rentabilité financière d'un accroissement de 10 % de la rentabilité d'exploitation.**

Accroissement de la Re de 10 %
Re × 10 % = 2 % × 10 % = 0,2 point
Nouvelle Re : Re × 1,10 = 2,2000 %

Variation de la Rf en fonction de la Re
Variation Rf = var. Re nette d'IS + var. Re × D/CP nette d'IS
0,2 % × 2/3 + (0,2 % × 36 360)/86 140 × 2/3 = + 0,1896 point
Vérification de la nouvelle Rf si la Re progresse de 10 % :
[2,2 % + (2,2 % – 5,5 %) 36 360/86 140] × 2/3 = 0,5380 %
La nouvelle Rf correspond bien à l'ancienne + accroissement :
0,3483 % + 0,1896 % = 0,5380 %

Décomposition de la variation de la Rf en fonction de la variation de la Re
Progression de Rf indépendante de l'endettement :
Var Re × 2/3 = 0,2 % × 2/3 = 0,1333 %
Progression de Rf due à l'endettement :
Var Re × D/CP × 2/3 = 0,2 % × 36 360/86 140 × 2/3 = 0,0563 %

DOSSIER 3

1. **Présentez les comptes de résultat prévisionnels sur 5 ans et les CAF correspondantes.**

Compte de résultat	N	N+1	N+2	N+3	N+4
CA HT	3 000,00	3 150,00	3 307,50	3 638,25	4 002,08
Charges variables	1 500,00	1 575,00	1 653,75	1 819,13	2 001,04
Charges fixes hors DA	600,00	600,00	600,00	680,00	680,00
DA constructions	100,00	100,00	100,00	100,00	100,00
DA machines	500,00	500,00	500,00	500,00	500,00
Résultat avant impôt	300,00	375,00	453,75	539,13	721,04
IS	100,00	125,00	151,25	179,71	240,35
Résultat net comptable	200,00	250,00	302,50	359,42	480,69
CAF	800,00	850,00	902,50	959,42	1 080,69

2. **Calculez la variation de BFRE en considérant que celui-ci est constitué en début de période.**

BFRE	0	N	N+1	N+2	N+3	N+4
CA HT		3 000,00	3 150,00	3 307,50	3 638,25	4 002,08
BFRE	500,00	525,00	551,25	606,38	667,01	0,00
Accroissement du BFRE	500,00	25,00	26,25	55,13	60,64	-667,01

3. **Calculez la valeur comptable nette des immobilisations à la fin de l'année N+4.**

La valeur résiduelle à la fin des périodes d'amortissement n'est pas communiquée, par conséquent nous amortissons les biens à partir de leur coût d'acquisition sur leur durée d'utilisation.

VCN terrain :	200,00	
VCN constructions :	1 000,00	[1 500 – (5 × 100)]
VCN machines :	500,00	[3 000 – (5 × 500)]
VCN totale fin N+5 :	1 700,00	

4. **Calculez les cash-flows de ce projet sur 5 ans.**

Cash-flows	0	N	N+1	N+2	N+3	N+4
Terrain	–200,00					
Constructions	–750,00	–750,00				
Machines	–2 000,00	–1 000,00				
Valeur résiduelle						1 700,00
Accroissement du BFRE	–500,00	–25,00	–26,25	–55,13	–60,64	667,01
CAF		800,00	850,00	902,50	959,42	1 080,69
Cash-flows	–3 450,00	–975,00	823,75	847,38	898,78	3 447,70

5. **Déterminez la valeur actuelle nette du projet et son taux interne de rentabilité.**

VAN du projet à 7 % : 193,83
VAN à 10 % : -264,30
TRI : 8,21 %

6. **Finalement, la société empruntera 2 millions au taux annuel de 6 % remboursables par annuités constantes sur 5 ans. Présentez le tableau d'emprunt et un tableau permettant de calculer son taux actuariel.**

Tableau d'emprunt

Montant emprunté : 2 000,00 k€

Tableau d'emprunt, taux 6 % an, annuités constantes

Année	Capital restant	Intérêts	Remboursement	Annuités
N	2 000,00	120,00	354,79	474,79
N+1	1 645,21	98,71	376,08	474,79
N+2	1 269,13	76,15	398,65	474,79
N+3	870,48	52,23	422,56	474,79
N+4	447,92	26,88	447,92	474,79
			2 000,00	

Tableau permettant de calculer le taux actuariel de l'emprunt

	0	N	N+1	N+2	N+3	N+4
Emprunt	2 000,00					
Annuités		−474,79	−474,79	−474,79	−474,79	−474,79
Économies d'IS/intérêts		40,00	32,90	25,38	17,41	8,96
Cash-flows	2 000,00	−434,79	−441,89	−449,41	−457,38	−465,83

Taux actuariel : 4,00 %

VAN du financement à 7 % : 159,77

7. Calculez la valeur actuelle nette ajustée du projet financé. Vérifiez votre calcul en distinguant la VAN du projet et la VAN du financement.

La valeur actuelle nette ajustée du projet financé est une valeur actuelle calculée sur la base des flux du projet et de son financement.

Compte de résultat	N	N+1	N+2	N+3	N+4
CA HT	3 000,00	3 150,00	3 307,50	3 638,25	4 002,08
Charges variables	1 500,00	1 575,00	1 653,75	1 819,13	2 001,04
Charges fixes hors DA	600,00	600,00	600,00	680,00	680,00
DA constructions	100,00	100,00	100,00	100,00	100,00
DA machines	500,00	500,00	500,00	500,00	500,00
Intérêts	120,00	98,71	76,15	52,23	26,88
Résultat avant impôt	180,00	276,29	377,60	486,90	694,16
IS	60,00	92,10	125,87	162,30	231,39
RNC	120,00	184,19	251,73	324,60	462,77
CAF	720,00	784,19	851,73	924,60	1 062,77

Une méthode plus simple évite de refaire le compte de résultat. Il suffit de partir de la CAF hors financement et de déduire les intérêts d'emprunt nets d'impôt sur les sociétés.

	N	N+1	N+2	N+3	N+4
CAF hors financement	800,00	850,00	902,50	959,42	1 080,69
Intérêts d'emprunt × 2/3	−80,00	−65,81	−50,77	−34,82	−17,92
CAF après charges financières nettes d'IS	720,00	784,19	851,73	924,60	1 062,77

Vérification du calcul en distinguant la VAN du projet et la VAN du financement :

Cash-flows	0	N	N+1	N+2	N+3	N+4
Terrain	−200,00					
Constructions	−750,00	−750,00				
Machines	−2 000,00	−1 000,00				
VNC des immo.						1 700,00
Accroissement du BFRE	−500,00	−25,00	−26,25	−55,13	−60,64	667,01
Remboursement d'emprunt		−354,79	−376,08	−398,65	−422,56	−447,92
Emprunt	2 000,00					
CAF		720,00	784,19	851,73	924,60	1 062,77
Cash-flows	−1 450,00	−1 409,79	381,86	397,96	441,40	2 981,87

VAN ajustée du projet à 7 % : 353,60 (VAN du projet + VAN du financement : 193,83 + 159,77 = 535,60)

VAN à 15 % : – 390,61

TRI : 10,37 %

8. **Commentez.**

L'effet de levier financier permet d'augmenter la rentabilité globale du projet.

Le TRI du projet est de 8,21 %. Il correspond à la rentabilité économique.

Le coût de l'emprunt est de 4 %, donc l'entreprise a intérêt à emprunter pour accroître sa rentabilité financière.

Avec un coût du capital de 7 %, le projet dégage une VAN positive qui s'accroît en empruntant.

9. **Des machines pour un montant de 2 000 k€, amortissables sur 5 ans en linéaire, auraient pu faire l'objet d'un contrat de crédit-bail sur 4 ans moyennant une redevance annuelle de 550 k€ payable en fin d'année et une option d'achat levée en fin d'année N+3 pour 210 k€. Ces biens seraient alors totalement amortissables en N+4. Quels seraient le taux actuariel du crédit-bail et sa VAN à 7 % ? Est-ce une source de financement plus intéressante pour l'entreprise ?**

Taux actuariel du crédit-bail, et sa VAN à 7 %

	0	N	N+1	N+2	N+3	N+4
Immobilisation non décaissée	2 000,00					
Loyers		–550,00	–550,00	–550,00	–550,00	
Économie IS/loyers		183,33	183,33	183,33	183,33	
Pertes éco. IS/amortnt (1)		–133,33	–133,33	–133,33	–133,33	–133,33
Option achat					–210,00	
Éco IS/amortnt bien acheté						70,00
Cash-flows	2 000,00	–500,00	–500,00	–500,00	–710,00	–63,33

(1) 2 000 × 1/5 × 33,1/3 %

Taux actuariel : 4,91 %

VAN à 7 % : 101,04

Le taux actuariel du crédit-bail est de 4,91 %, donc supérieur à celui de l'emprunt (4 %). Financièrement, l'emprunt est par conséquent plus avantageux. Le crédit-bail offre cependant une certaine souplesse dans la mesure où la société n'est pas propriétaire des biens utilisés. Elle n'a donc pas à en assurer la gestion administrative et l'entretien courant. Le financement par crédit-bail est par ailleurs plus facile à obtenir. La société devra donc choisir entre souplesse organisationnelle et coût.

Étude de cas 3 p. 450]

DOSSIER 1

1. **Calculez le taux à retenir pour actualiser les cash-flows des deux projets.**

Le taux à retenir pour calculer la rentabilité des projets correspond au coût du capital. Ce coût est la moyenne pondérée des sources de financement.

Capital : 480 k€ au taux de 10 %

Emprunt : 320 k€ au taux de 5 %

Coût moyen = (480/800 × 10 %) + (320/800 × 5 %) = 8 %

2. **Pour chaque projet, présentez les comptes de résultat prévisionnels en faisant apparaître l'excédent brut d'exploitation (EBE) et la CAF.**

Projet Primo

Années	1	2	3	4	5
CA HT	350,0	385,0	423,5	320,0	310,0
Charges variables	70,0	77,0	84,7	64,0	62,0
Charges fixes	90,0	90,0	130,0	130,0	130,0
EBE	190,0	218,0	208,8	126,0	118,0
DA constructions	18,0	18,0	18,0	18,0	18,0
DA installations techniqu	66,0	66,0	66,0	66,0	66,0
RCAI	106,0	134,0	124,8	42,0	34,0
Produits de cession					430,0
Valeur nette comptable					430,0
Résultat avant impôt	106,0	134,0	124,8	42,0	34,0
IS	35,3	44,7	41,6	14,0	11,3
RNC	70,7	89,3	83,2	28,0	22,7
CAF	154,7	173,3	167,2	112,0	106,7

Projet Secundo

Années	1	2	3	4	5
CA HT	320,0	330,0	340,0	350,0	360,0
Charges variables	64,0	66,0	68,0	70,0	72,0
Charges fixes	90,0	90,0	130,0	130,0	130,0
Loyer immobilier	36,0	36,0	36,0	36,0	36,0
EBE	130,0	138,0	106,0	114,0	122,0
DA installations techniques	78,0	78,0	78,0	78,0	78,0
RCAI	52,0	60,0	28,0	36,0	44,0
Produits de cession					120,0
Valeur nette comptable					120,0
Résultat avant impôt	52,0	60,0	28,0	36,0	44,0
IS	17,3	20,0	9,3	12,0	14,7
RNC	34,7	40,0	18,7	24,0	29,3
CAF	112,7	118,0	96,7	102,0	107,3

3. **Après avoir présenté les autres calculs intermédiaires, calculez sur 5 ans pour les deux projets (autofinancés) :**

– la VAN aux taux de 6 %, 8 %, 10 % ;

– le TRI ;

– le délai de récupération du capital investi ;

– l'indice de profitabilité.

Projet Primo

BFRE

Années	0	1	2	3	4	5
BFRE	–58,3	–64,2	–70,6	–53,3	–51,7	0,0
Accroissement du BFRE	**–58,3**	**–5,8**	**–6,4**	**17,3**	**1,7**	**51,7**

Années	0	1	2	3	4	5				
Emplois										
Constructions	– 450,0									
Installations techniques	– 200,0	–200,0								
Var. de BFRE	–58,3	–5,8	–6,4	17,3	1,7	51,7				
Ressources										
CAF		154,7	173,3	167,2	112,0	106,7				
Produits de cession						430,0	VAN 8 %	VAN 10 %	TRI	IP à 8 %
Cash-flows	**–708,3**	**–51,2**	**166,9**	**184,5**	**113,7**	**588,3**	**17,8**	**–35,4**	**8,6 %**	**1,025**

VAN 6 %	IP à 6 %
76,5	**1,108**

DRCI (*pay back period*) avec actualisation à 6 %

CF actualisés	–708,3	– 48,3	148,6	154,9	90,0	439,6
CF cumulés	–708,3	–756,6	–608,0	–453,2	–363,1	76,5

Le projet est rentable dans la 5e année :

4 ans + (76,5/439,6) = 4 + 0,17 ans = 4 ans + 2,09 mois = 4 ans + 2 mois + 2,65 j

Projet Secundo

BFRE

Années	0	1	2	3	4	5
BFRE	–53,3	–55,0	–56,7	–58,3	–60,0	0,0
Accroissement du BFRE	**–53,3**	**–1,7**	**–1,7**	**–1,7**	**–1,7**	**60,0**

Années	0	1	2	3	4	5				
Constructions	0,0									
Installations techniques	–510,0									
Var. de BFRE	–53,3	–1,7	–1,7	–1,7	–1,7	60,0				
CAF		112,7	118,0	96,7	102,0	107,3				
Produits de cession						120,0	VAN 8 %	VAN 10 %	TRI	IP à 8 %
Cash-flows	**–563,3**	**–111,0**	**116,3**	**95,0**	**100,3**	**287,3**	**–16,1**	**–48,0**	**7,1 %**	**0,971**

VAN 6 %	IP à 6 %
18,9	**1,034**

DRCI (*pay back period*) avec actualisation à 6 %

CF actualisés	–563,3	104,7	103,5	79,8	79,5	214,7
CF cumulés	–563,3	– 458,6	–355,1	–275,3	–195,8	18,9

Le projet est rentable dans la 5e année :

4 ans + (18,9 / 214,7) = 4 + 0,09 ans = 4 ans + 1,06 mois = 4 ans + 1 mois + 1,69 j

Le projet Primo présente les meilleurs indicateurs de performance (résultat, CAF, etc.) et notamment la plus forte rentabilité avec un TRI de 8,6 % contre 7,1 % pour le projet Secundo. La VAN à 6 % du projet Primo est quatre fois supérieure à celle du projet Secundo (76,5 k€ contre 18,9 k€).

4. **Finalement, le premier projet (Primo) est conservé et le directeur financier vient de négocier un emprunt de 350 k€ au taux de 7 % remboursable par annuités constantes sur 5 ans. Calculez l'impact de ce financement sur la rentabilité globale du projet en intégrant le financement aux calculs de choix d'investissement précédemment réalisés.**

Tableau d'emprunt

	1	2	3	4	5
Capital début	350,0	289,1	224,0	154,3	79,8
Intérêts	–24,5	–20,2	–15,7	–10,8	–5,6
Remboursement	– 60,9	– 65,1	– 69,7	–74,6	–79,8
Annuités	– 85,4	–85,4	–85,4	–85,4	–85,4

Comptes de résultat

Années	1	2	3	4	5
CA HT	350,0	385,0	423,5	320,0	310,0
Charges variables	70,0	77,0	84,7	64,0	62,0
Charges fixes	90,0	90,0	130,0	130,0	130,0
EBE	190,0	218,0	208,8	126,0	118,0
DA constructions	18,0	18,0	18,0	18,0	18,0
DA installations techniques	66,0	66,0	66,0	66,0	66,0
Charges d'intérêts	24,5	20,2	15,7	10,8	5,6
RCAI	81,5	113,8	109,1	31,2	28,4
Produits de cession					430,0
Valeur nette comptable					430,0
Résultat avant impôt	81,5	113,8	109,1	31,2	28,4
IS	27,2	37,9	36,4	10,4	9,5
RNC	54,3	75,8	72,7	20,8	18,9
CAF	138,3	159,8	156,7	104,8	102,9

BFRE

Années	0	1	2	3	4	5
BFRE	–58,3	–64,2	–70,6	–53,3	–51,7	0,0
Accroissement du BFRE	**–58,3**	**–5,8**	**–6,4**	**17,3**	**1,7**	**51,7**

Années	0	1	2	3	4	5
Constructions	– 450,0					
Installations techniques	–200,0	–200,0				
Var. de BFRE	–58,3	–5,8	–6,4	17,3	1,7	51,7
Remboursements d'emprunt		–60,9	–65,1	–69,7	–74,6	–79,8
Emprunt	350,0					
CAF		138,3	159,8	156,7	104,8	102,9
Produits de cession						430,0
Cash-flows	**–358,3**	**–128,4**	**88,3**	**104,3**	**31,9**	**504,8**

VAN 8 %	VAN 10 %	TRI	IP à 8 %
48,4	**11,6,4**	**10,7 %**	**1,053**

VAN 6 %	VAN 12 %	IP à 6 %
89,3	**–21,6**	**1,159**

5. Proposez une conclusion au directeur financier.

L'endettement améliore la rentabilité financière à condition que la rentabilité économique soit supérieure au coût de l'endettement. Le TRI du projet passe ainsi de 8,6 % à 10,7 % après financement par emprunt. La valeur créée est également plus élevée après intégration de l'emprunt : la VAN à 6 % à 76,5 k€ progresse à 89,3 k€. Ces montants illustrent le rôle positif de l'emprunt à travers l'effet de levier financier rendu possible grâce à la rentabilité économique initiale du projet (8,6 %) supérieure à celle de l'emprunt (7 % soit 4,67 % après impôt).

DOSSIER 2

1. Exposez en quelques lignes les différences entre les deux modes de financement.

Le financement par fonds propres nécessite une mise de fonds suffisante pour financer les projets envisagés. Il correspond au financement initial par apport en capital puis à l'autofinancement (CAF) non distribué aux actionnaires. Lorsque l'autofinancement ne suffit pas, le financement par fonds propres prend la forme d'une augmentation de capital par apports en numéraires. Le financement par fonds propres permet de consolider la structure financière et renforce le crédit de la société vis-à-vis des autres pourvoyeurs de fonds. Cette crédibilité est couplée au renforcement de la notoriété de la société dans le cadre d'une introduction en Bourse ou d'une augmentation de capital sur le marché financier. Un montant élevé de fonds propres rassure les financiers et permet de conserver voire d'augmenter sa capacité d'emprunt. L'augmentation de capital présente cependant l'inconvénient d'une perte possible de contrôle si elle ne peut pas être suivie par les actionnaires actuels (souvent actionnaires fondateurs dans les petites structures). Dans ce cas, l'opération soumet les dirigeants à des contraintes plus fortes de la part des nouveaux partenaires financiers (société de capital-risque, par exemple), ce qui les oblige par ailleurs à être plus efficaces dans le processus de création de valeur.

Le financement par endettement vient normalement compléter le financement par fonds propres car les créanciers, de par leur statut, vont exiger que les risques soient principalement assumés par les propriétaires de la société, c'est-à-dire les actionnaires à travers les fonds propres. Si la structure financière est saine, la société peut recourir à l'emprunt (*indivis* ou obligataire selon la taille du financement envisagé) pour compléter le financement des projets. L'endettement présente l'avantage d'être moins onéreux que le financement par fonds propres car les créanciers prennent moins de risque que les propriétaires et sont assurés (sauf défaillance) de percevoir leur rémunération sous forme d'intérêts quelle que soit la nature du résultat de la période. Rappelons qu'en cas de résultat négatif, les actionnaires ne peuvent pas percevoir de dividendes sur ce résultat. L'emprunt nécessite une capacité d'endettement ainsi qu'une capacité de remboursement suffisantes. Les projets financés devront donc créer de la valeur de manière à pouvoir couvrir le montant supplémentaire de frais fixes représenté par les charges d'intérêts. Le principal avantage de l'emprunt est relatif à l'effet de levier financier qu'il procure lorsque la rentabilité économique est supérieure au coût de l'endettement. Ce mécanisme permet d'accroître la rentabilité financière.

2. Indiquez au directeur ce qu'il est préférable de retenir et déterminez le coût du capital.

Le coût de l'emprunt après impôt de la société Sargasse est de 5 % – (5 % × 2/3) = 3,33 %, soit un coût inférieur à celui des capitaux propres de 7 % d'une part et inférieur à celui de la rentabilité économique après impôt de 9 % – (9 % × 2/3) = 6 % d'autre part. L'effet de levier financier sera donc positif.

D'un point de vue financier, il est donc intéressant d'emprunter (coût moindre et effet de levier financier) ; cependant, l'endettement fragilise la structure financière de la société par un alourdissement des charges fixes que la société devra couvrir en maintenant voire en améliorant sa marge sur coût variable. Ainsi, au risque d'exploitation s'ajoute le risque financier relatif à l'endettement : une situation à risque en cas de retournement de conjoncture.

Le coût du capital représente la moyenne pondérée des différentes sources de financement. Il serait de : (7 % × 60 %) + (3,33 % × 40 %) = 5,53 %.

DOSSIER 3

1. Déterminez le fonds de roulement normatif pour l'année N.

Postes	TE	CS	En jours de CA HT Besoins	En jours de CA HT Ressources
Stock de MP	40	0,4000	16,0000	
Stock de PEC	10	0,6250	6,2500	
Stock de PF	20	0,8500	17,0000	
Clients	60	1,1960	71,7600	
TVA déductible	38	0,0882	3,3516	
Fourn. MP	30	0,4784		14,3520
Fourn. fres	25	0,0598		1,4950
Personnel	15	0,3269		4,9035
Charges sociales	30	0,1731		5,1930
TVA collectée	38	0,1960		7,4480
		Total	**114,3616**	**33,3915**
		BFRN	**80,9701**	

Coût de production des produits finis : 0,40 + 0,05 + 0,40 = 0,85

Encours : 0,40 + (0,85/2) = 0,625

TVA déductible sur achats : (0,40 + 0,05) × 0,196 = 0,0882

Fournisseurs de MP : 0,40 × 1,196 = 0,4784

Fournisseurs de fournitures : 0,05 × 1,196 = 0,0598

Délai clients : 45 jours + 30/2 = 60 jours

Délai TVA : 30/2 + 23 jours = 38 jours

Personnel

Salaires bruts = (0,40 + 0,10) / 1,30

Salaires bruts = 0,3846

Salaires nets = SB × 0,85 = 0,3269

Organismes sociaux

Charges sociales dues : frais de personnel – salaires nets

0,50 – 0,3269 = 0,1731

Pour un CA de 330 000 €, le BFRN est de :

330 000 × 81/360 = 74 250 €.

2. Valorisez le besoin pour un chiffre d'affaires prévisionnel de 400 k€ en N+1.

Pour un CA de 400 000 €, le BFRN serait de :

400 000 × 81/360 = 90 000 €.

3. Quel est l'impact sur le BFRE d'une réduction du délai de stockage des matières de 10 jours ?

Une réduction de 10 jours du délai de stockage des matières premières entraîne une réduction du besoin de 10 × 0,40 = 4 jours.

Le nouveau BFRN serait alors de 81 jours – 4 jours = 77 jours de CA HT, soit : 400 000 × 77/360 = 85 556 €.

DOSSIER 1

1. **Calculez les agios dans le cadre du découvert.**

Intérêts : 180 000 × 6 % × 21/360 =630,00

CPFD : 180 000 × 0,06 % × 2 = 216,00 (calculée par mois, pas de TVA)

Commission : plafonnée	5,00
Agios HT	851,00
TVA	0,98
Agios TTC	**851,98**

2. **Déterminez le taux réel du découvert bancaire.**

t = 36 500 × 851/180 000 × 21 = 8,22 %

3. **Déterminez les effets à escompter et justifiez votre choix par le calcul, sachant que la société possède en portefeuille les lettres de change suivantes :**

- 19 k€ : échéance 15 février ;
- 46 k€ : échéance 15 février ;
- 48 k€ : échéance 28 février ;
- 40 k€ : échéance 15 mars.

Ceux dont l'échéance est proche, puis ajustement en fonction du montant à financer.

19 000 + 46 000 + 48 000 + 40 000 = 153 000, inférieur à 180 000 donc tous les effets sont à escompter.

4. **Présentez le bordereau de remise à l'escompte tel que la banque devrait l'établir pour une remise des effets le 21 janvier.**

Montant	Nombre de jours	Taux d'intérêt	Intérêts	Commission	Agios HT	TVA	Agios TTC
19 000	25 *	4,70 %	62,01	3	65,01	0,59	65,60
46 000	25	4,70 %	150,14	3	153,14	0,59	153,73
48 000	38	4,70 %	238,13	3	241,13	0,59	241,72
40 000	53	4,70 %	276,78	3	279,78	0,59	280,37
			727,06	**12**	**739,06**	**2,35**	**741,42**

* (31 – 22) + 15 + 1= 25 jours

5. Quel est le taux moyen de l'escompte pour l'ensemble des effets quand la banque applique 4 jours de valeur pour les effets remis à l'encaissement ?

Le nombre de jours doit être majoré du différentiel : remise à l'encaissement – remise à l'escompte.

739,06 = [(19 000 – 65,01) × 28] + (45 846,86 × 28) + (47 758,87 × 41) + (39 720,22 × 56) × t / 36 500

t = 4,50 %

DOSSIER 2

1. Sachant que la banque a fixé l'heure de caisse à 12 heures et qu'elle applique 3 jours ouvrés de valeur sur les remises de chèque et 1 jour de banque sur les découverts, déterminez la période et le nombre de jours pour le calcul des intérêts.

Découvert du 1er au 8 mars.

Remise le mardi 9 à 15 h 00, soit après l'heure de caisse, donc remise effective le 10 mars.

Plus 3 jours ouvrés de valeur : jeudi 11, vendredi 12 (samedi et dimanche non ouvrés), lundi 15 mars.

Le compte est donc crédité le lundi 15 mars.

Il est ainsi à découvert du 1er mars au 14 mars inclus : 14 jours.

2. Calculez les intérêts au taux de 9,5 %.

Il faut ajouter 1 jour de banque pour le calcul des intérêts : 14 + 1 = 15 jours.

9 000 × 9,5 % × 15/360 = 35,63 euros

3. Avec une commission fixe de 25 € HT pour dépassement de découvert autorisé, quel est le taux réel du découvert ?

t = 36 500 × 60,63 / 9 000 × 15 = 16,39 %

DOSSIER 3

1. Dressez le tableau d'emprunt.

Emprunt	1	2	3	4	5
Capital début	6 000,00	4 977,26	3 872,70	2 679,78	1 391,42
Intérêts	480,00	398,18	309,82	214,38	111,31
Remboursement	1 022,74	1 104,56	1 192,92	1 288,36	1 391,42
Annuités	1 502,74	1 502,74	1 502,74	1 502,74	1 502,74

2. **Établissez les comptes de résultat prévisionnels et la variation du BFRE.**

Données prévisionnelles d'exploitation	Année 1		Année 2	
	Produit 1	Produit 2	Produit 1	Produit 2
Chiffre d'affaires	18 000,00	8 000,00	18 900,00	8 560,00
Charges variables (proportionnelles au CA HT)	12 600,00	4 800,00	13 230,00	5 136,00
Charges fixes (hors DA) (communes aux deux produits)	4 000,00		4 000,00	
Redevance de crédit-bail	300,00		300,00	
DA constructions	400,00		400,00	
DA installations	1 200,00		1 200,00	
DA bien crédit-bail acquis	0,00		0,00	
Résultat d'exploitation	**2 700,00**		**3 194,00**	
Frais financiers emprunts	480,00		398,18	
Frais financiers c/c associés	30,00		60,00	
Résultat courant avant impôt	**2 190,00**		**2 735,82**	
Impôt sur les bénéfices	730,00		911,94	
Résultat net comptable	**1 460,00**		**1 823,88**	
CAF hors ch. financières/emp	**3 540,00**		**3 822,06**	
Vérification	3 540,00		3 822,06	

Données prévisionnelles d'exploitation	Année 3		Année 4		Année 5	
	Produit 1	Produit 2	Produit 1	Produit 2	Produit 1	Produit 2
Chiffre d'affaires	19 845,00	9 159,20	20 837,25	9 800,34	21 879,11	10 486,37
Charges variables (proportionnelles au CA HT)	13 891,50	5 495,52	14 586,08	5 880,21	15 315,38	6 291,82
Charges fixes (hors DA) (communes aux deux produits)	4 000,00		4 000,00		4 000,00	
Redevance de crédit-bail	300,00		300,00		300,00	
DA constructions	400,00		400,00		400,00	
DA installations	1 200,00		1 200,00		1 200,00	
DA bien crédit-bail acquis	0,00		0,00		225,00	
Résultat d'exploitation	**3 717,18**		**4 271,31**		**4 633,28**	
Frais financiers emprunts	309,82		214,38		111,31	
Frais financiers c/c associés	60,00		60,00		60,00	
Résultat courant avant impôt	**3 347,36**		**3 996,93**		**4 461,97**	
Impôt sur les bénéfices	1 115,79		1 332,31		1 487,32	
Résultat net comptable	**2 231,58**		**2 664,62**		**2 974,64**	
CAF hors ch. financières/emp	**4 141,39**		**4 479,00**		**4 910,96**	
Vérification	4 141,39		4 479,00		4 910,96	

Années	1	2	3	4	5
BFRE	3 250,00	3 432,50	3 625,53	3 829,70	4 045,69
Accroissement du BFRE	3 250,00	182,50	193,03	204,17	215,99

3. Réalisez le plan de financement pour la période 1 à 5.

	1	2	3	4	5
Emplois					
Dividendes (pour mémoire)					
Constructions	4 000,00				
Installations techniques	6 000,00				
Immobilisation acquise du crédit-bail					225,00
Accroissement de BFRE	3 250,00	182,50	193,03	204,17	215,99
Annuités d'emprunt		1 502,74	1 502,74	1 502,74	1 502,74
Total emplois	**13 250,00**	**1 685,24**	**1 695,76**	**1 706,91**	**1 943,72**
Ressources					
CAF hors charges financières	3 540,00	3 822,06	4 141,39	4 479,00	4 910,96
Apport en c/c d'associés	500,00	500,00			
Emprunt	6 000,00				
Diminution de BFRE				750,00	
Total ressources	**10 040,00**	**4 322,06**	**4 141,39**	**5 229,00**	**4 910,96**
Solde de la période	**–3 210,00**	**2 636,82**	**2 445,63**	**3 522,09**	**2 967,23**
Solde cumulé	**–3 210,00**	**–573,18**	**1 872,45**	**5 394,54**	**8 361,77**

4. Commentez.

Un fort déficit de trésorerie déséquilibre le plan la première année et se répercute sur la deuxième année en solde cumulé. La trésorerie devient ensuite positive. Concernant la première année, on s'aperçoit que l'emprunt initial ne finance que les installations (6 M€). Plutôt que d'emprunter le complément correspondant aux constructions, il serait préférable de solliciter les actionnaires afin qu'ils apportent le complément de financement nécessaire, soit 3 M€ supplémentaires qui pourraient être remboursés en plusieurs tranches dès la fin de l'année 2. Ce mode de financement est souple et correspond aux besoins temporaires de la société car le plan devient largement excédentaire à partir de l'année 3. Une fois les actionnaires remboursés de leurs avances, les excédents pourraient faire l'objet de placement de trésorerie ou de remboursements d'emprunt anticipés.

N° d'éditeur : 10128889 - A.E. - Août 2007
Imprimé en France par Hérissey à Évreux - N° 105858